Die Kunst liegt im Detail

Suzanne Trocmé

Die Kunst liegt im **Detail**

Die richtigen Materialien,
Farben, Möbel und Dekorationen
für jeden Raum

Mit Fotos von Andrew Wood

Deutsche Verlags-Anstalt
München

Aus dem Englischen übersetzt
von Wiebke Krabbe

Bibliografische Information
der Deutschen Bibliothek
Die Deutsche Bibliothek verzeichnet
diese Publikation in der Deutschen
Nationalbibliografie; detaillierte
bibliografische Daten sind im Internet
über <http:dnb.ddb.de> abrufbar.

Titel der Originalausgabe:
Attention to Detail

Herausgeber: Jacqui Small
Lektorat: Catherine Rubinstein
Grafische Gestaltung: Lawrence Morton
Fotos: Andrew Wood
Locations Recherche: Nadine Bazar
Grundrisse: Jan Douglas
Herstellung: Geoff Barlow
Satz der deutschen Ausgabe:
Edith Mocker

Printed in Hongkong

ISBN 3-421-03513-X

INHALT

ALVAR AALTO
ALVAR AALTO
ALVAR AALTO
Les arts décoratifs de 1790 à 1850
L'architecture au XIXe siècle
CHINESE CERAMICS
PIERRE CHAREAU
IN THE ORIENTAL STYLE
The Georgian House
Moroccan Interiors
London Interiors
outdoor living
INDIAN STYLE
Indian Interiors
JOSEF HOFFMANN DESIGNS
IDEAL CITIES
Islam
Art and Architecture
ARNE JACOBSEN
ALEXANDRE NOLL
ROBERT COUTURIER
JEAN ROYERE
Les Décorateurs des années 40
MAXINE OLD
ANDRE ARBUS
LES FRÈRES PERRET
GIO PONTI
WHAT MODERN WAS
STYLES

EINLEITUNG

Jeden Morgen verlasse ich meine Wohnung in London, steige in ein Taxi und überquere auf der U-förmigen Strecke zu meinem Büro zwei Brücken über denselben Fluss. An guten Tagen dauert die Fahrt sechs Minuten. Über die Lambeth Bridge gelange ich ans südliche Themse-Ufer, ein Stück weiter geht es über die Waterloo Bridge zurück zur anderen Seite. Die Strecke ist nicht so lang wie die Beschreibung vermuten lässt, denn der Fluss macht eine Biegung. Eigentlich wähle ich die Strecke aber, weil die Waterloo Bridge eines meiner Lieblingsbauwerke ist und ich das Glück habe, direkt neben ihr zu arbeiten. Die Brücke ist bei Ästheten eher unbeliebt, weil sie so schlicht, streng und unverschnörkelt ist. Manche Leute sagen das Gleiche von meiner Wohnung. Die Brücke hat eine großartige Aussicht, versteckte Schönheiten und eine ungewöhnliche Geschichte. Nach dem Zweiten Weltkrieg wurde sie von Frauen wieder aufgebaut, die extravaganterweise Portland Stone wählten – aus praktischen Gründen, denn er reinigt sich selbst und wird kaum unansehnlich. Wie die St.-Paul's-Kathedrale hebt sich der Stein weiß vor der grauen Stadt ab. Ähnlich verhält es sich bei schönen Wohnungen. Ob Kauf oder Miete: Auswahlkriterien sind Lage und Aussicht, Infrastruktur der Umgebung und die Sicherheit, die ein Zuhause bietet.

Die meisten Menschen gehen eine Beziehung zu einem Ort ein und entwickeln zu Hause und außerhalb gewisse Gewohnheiten. Das Wohnen am Wasser hat besonderen Reiz – darum sind auch Urlaubshotels mit Meerblick so beliebt. Seit jeher hat der Mensch in seiner Welt eine Ordnung gesucht. Unser Zuhause ist unser Basislager, unser Zentrum, um das wir kreisen und das in vielerlei

Hinsicht Sicherheit, Schutz und Stabilität bieten soll. Der Schlüssel dazu liegt im Detail. Nicht etwa in Kleinigkeiten und Kinkerlitzchen, sondern darin, dass jeder Aspekt gründlich und eingehend durchdacht ist – angefangen bei Standort und Fundament. Wer klug ist, wählt und gestaltet sein Zuhause so, dass es zum persönlichen Lebensstil passt, nicht einengt und auch dann Geborgenheit schenkt, wenn die Welt ringsum aus den Fugen zu geraten droht. Weil die meisten Menschen das Haus verlassen, um zur Arbeit zu gehen, sollte die Rückkehr zum Feierabend so angenehm wie möglich sein. Und weil uns allen nach dem Arbeitstag der Kopf von Informationen schwirrt, sollte meiner Meinung nach eine Wohnung betont ruhig und schlicht sein. Natürlich ist auch Behaglichkeit gefragt. Doch wer Sorgfalt im Detail walten lässt, könnte auf ein paar Kissen verzichten und lieber gründlich nachdenken, ehe er die Breite der Treppe festlegt. Raumdesign und Architektur haben, ähnlich wie Musik, ebenso viel mit Mathematik wie mit Stimmung zu tun.

Steht der Standort fest, geht es um Bausubstanz, Materialien und Aufteilung der Wohnung. Dabei stehen persönliche Umstände und Vorlieben in praktischer und emotionaler Hinsicht im Zentrum. Manche Menschen schätzen die luftige Freiheit großer Glasflächen oder ein offenes Wohnkonzept ohne abgegrenzte Räume, andere legen selbst in ländlicher Alleinlage viel Wert auf Privatsphäre. Für eine Wohnung für einen oder zwei Erwachsene kann ein offenes Konzept sinnvoll sein, in Familien mit Kindern sind abgetrennte Räume oft günstiger. Ein Haus, das jeden Tag rund um die Uhr genutzt wird, braucht zudem multifunktionale Bereiche für verschiedene Tageszeiten. Unabhängig von der Aufteilung möchte man sich auch noch bequem zwischen verschiedenen Funktionsbereichen bewegen und in behaglichen Zonen Entspannungspausen einlegen können.

Ein extremes Beispiel verschiedener Prioritäten ist Mies van der Rohes Farnsworth House (siehe auch Seite 99), das auf Säulen auf einer Uferwiese bei Chicago steht. Das Haus ist ein Glaskasten, durch dessen »Wände« man Bäume, Gras und Wasser sieht – und doch wirkt die Natur von drinnen fern und abstrakt, wie ein Landschaftsgemälde. Sieht man sich das Innere des Hauses genauer an, wird die Offenheit deutlich. Es ist ein einziger großer Raum, unterteilt nur von einem Holzkern, in den zwei Badezimmer, eine Küche und ein Kamin eingebaut sind. Der Wohnbereich ist offen und scheinbar grenzenlos, die darin befindlichen Objekte wirken greifbar und taktil, Aussicht und Geräusche scheinen verstärkt zu werden. Die ausdrucksvolle Architektur ist für die Menschen in ihrem Inneren ein physisches und emotionales Erlebnis. Mies van der Rohe fand seinen Entwurf gelungen, die Bewohnerin jedoch fühlte sich in diesem »exhibitionistischen« Wohnmodell zutiefst unwohl. Für ihre Persönlichkeit war es zweifellos das falsche Haus.

Wer nicht neu baut, sondern ein Haus renoviert, muss sich mit einigen Gegebenheiten arrangieren, was aber zu interessanten Resultaten führen kann. In einer berühmten, von Anthony Hudson ausgebauten Scheune in England beispielsweise bestehen die Wände aus Strohgeflecht. Heute würde man dieses Material nicht mehr verwenden, doch es ermöglichte die Gestaltung reizvoller Details, etwa einer verglasten Wand auf der sonnigen Südseite und kleiner Schlitzfenster auf der kühlen Nordseite. Auch Pam Skaist Levy hat beim Ausbau ihres Hauses in den Hollywood Hills darauf geachtet, die ursprüngliche Fachwerkkonstruktion und die Buntglasscheiben zu erhalten. Wie dramatisch so ein Umbau sein kann, beweist John Stedilas ehemalige Feuerwache auf Long Island, heute ein luftiges Wochenendhaus für einen Single, oder Jasper Conrans riesiges Wohnzimmer in London, das in einem früheren Leben ein Ballsaal war.

Ist jedem Raum seine Funktion zugewiesen, muss die Wohn-Infrastruktur bedacht werden: Sanitär- und Elektroinstallation, Heizung, Beleuchtung, Stauraum und andere funktionale Aspekte. Alles soll praktisch sein und gut aussehen – doch sollte man Detail und Dekoration nicht verwechseln. Große Flächen wie Fußboden, Wände und Möbelstücke leisten einen wesentlichen Beitrag zur Atmosphäre, vor allem in modernen Wohnungen. Generell, wenn auch nicht ausschließlich, geht der Trend zum Schlichten. Schlichtheit ist aber gar nicht so einfach. Die Marmorwände in einer edlen Brüsseler Wohnung des belgischen Architekten Vincent Van Duysen beispielsweise mögen vordergründig nur aus weißem Marmor bestehen. Wie die Waterloo Bridge sind sie aber das Resultat eingehender Überlegung und der Zusammenarbeit verschiedener Personen – bis hin zum Steinbruch, der keinen geäderten Marmor liefern sollte.

Zum Schluss kommen die dekorativen Details an die Reihe: Möbel, Fensterdekorationen, Kunst und Accessoires. Es gehört zu den Aufgaben eines Innenarchitekten, bei den eher technischen und den dekorativen Aspekten der Gestaltung gleichermaßen die Details im Auge zu behalten, um

dem Klienten ein in sich geschlossenes Gesamtbild zu präsentieren.

Viele Architekten und Designer haben sich der Schlichtheit verschrieben. Dennoch können dekorative Details auf neue und moderne Weise eine Rolle spielen. Der 1998 verstorbene Mailänder Architekt Renzo Mongiardino formulierte es so: »Intelligenter Einsatz von Materialien basiert auf einer Liebe zu diesen Materialien, auf der Kenntnis ihrer effektivsten Verwendung und auf dem Wissen, wie man sie – falls sie nicht verfügbar sind – überzeugend nachahmen kann.« Mongiardino war ein Meister der dekorativen Details und Gestalter hinreißender »Raumlandschaften«. Er wusste auch um die Bedeutung der Illusion: »Illusion ist ein Teil des Vergnügens, das durch die Gestaltung von Oberflächen aus mehr oder weniger wertvollem Material wie Stein, Terrakotta, Holz, Marmor, Stoff, Leder etc. entsteht, um eine neue Architektur zu initiieren.«

Die Zeit verändert auch die Details. Andere Materialien und Verarbeitungstechniken werden entwickelt und eröffnen dem Raumdesign neue Möglichkeiten. Daneben hat aber jedes Jahrzehnt seinen spezifischen Lebensstil, der die Menschen verändert, neue Probleme stellt und neue Lösungen fordert. Wie Horaz es in den *Oden* formuliert: »Kein Segen ist ganz ungetrübt.« Funktionselemente werden heute gern versteckt, etwa die (von den Römern erfundene) Fußbodenheizung, aber auch kabellose Musik- und Beleuchtungssysteme. Auf Hi-Fi folgt Wi-Fi (wi steht für wireless = schnurlos), auch e-Mail und Internet kommen ohne Kabel aus. Im Gegensatz zu früher sind unsere Wohnungen reduziert, manchmal fast kahl, sodass kleine Mängel stärker ins Auge fallen. Außerdem sind unsere Ansprüche gestiegen. Le Corbusier beschrieb 1923 in seinem Werk *Ausblick auf eine Architektur* das Haus als eine »Maschine, in der man wohnt«. Ironischerweise versuchen wir heute bei der Gestaltung moderner Wohnungen, die Mechanik dieser Maschine zu verleugnen.

Dieses Buch, das sich mit modernem Wohndesign und technischem Fortschritt befasst, möchte zu einer Reise durch Häuser und Wohnungen in Europa und Amerika einladen – zu einer epischen Reise im Geiste von Cervantes, die Gesamtbild und Mikrokosmos gleichermaßen berücksichtigt. Der Blick fürs Detail – nicht zu verwechseln mit Detailverliebtheit – beginnt beim Grundlegenden, dem Fundament, und endet bei den Feinheiten, die einem Haus Charakter geben. Wie eine gute Ausbildung Schülern dabei hilft, eigene Ideen zu entwickeln, habe ich dieses Buch geschrieben, um meinen Lesern eine Basis zur Ausarbeitung eigener Ideen an die Hand zu geben, die ihnen hilft, gelungene, maßgeschneiderte Lösungen für ihre persönliche Wohnumgebung zu finden. Die Gestaltung einer Wohnung ist eine Reise mit Aufbruch, Weg und Ankunft – und zahllosen Träumen und Wünschen.

Ein Haus, selbst ein relativ neues, hat eine Geschichte und eine Seele. Auch in einen Neubau fließen viel Zeit, Fantasie und emotionale Energie ein. Ob man neu baut oder eine vorhandene Wohnung renoviert oder umbaut: Immer ist es der Blick fürs Detail und der Denkprozess hinter den Maßnahmen, den praktischen Entscheidungen und den Lösungsansätzen, die ein Haus aus der breiten Masse hervorheben – so wie sich die Waterloo Bridge gegen die übrigen Brücken über die Themse abhebt.

RUNDGANG

CHINESE CERAMICS
FRANK LLOYD WRIGHT
ARNE JACOBSEN
Islam
IDEAL CITIES
GIO PONTI
STYLES

im Wohnraum

Der römische Rhetoriker und Politiker Cicero empfahl, sich zum Erinnern einer langen und komplexen Rede einen Rundgang durch ein Gebäude vorzustellen, sodass Gegenstände an bestimmten Punkten den Redner an das nächste schlagende Argument erinnern würden. Indem sie im Geist von einem Ort zum nächsten wanderten, bräuchten Redner kein geschriebenes Konzept, um dem gedanklichen Faden ihres Vortrags zu folgen. Für Reden und Vorträge ist diese Technik sehr hilfreich. Vielleicht sollte man beim Entwerfen eines Hauses ein ähnliches Prinzip anwenden, also die Entstehungsschritte an einzelnen Stationen festmachen, die dann zu weiteren Ideen führen. Durch diese Vorgehensweise erreicht man bemerkenswerte Wohnkonzepte, von denen einige in diesem Kapitel zu sehen sind.

Der Wohnraum ist der Beginn des Rundgangs durch das Haus. Es ist der erste Raum, den wir bei Kauferwägungen betrachten – ob wir nun direkt hinein gelangen oder erst durch eine Diele oder einen Flur gehen müssen. Schon darum sollten die Details eines Wohnraums in praktischer und ästhetischer Hinsicht einen klaren Hinweis auf den Charakter der restlichen Wohnung geben.

Zumindest in der westlichen Welt sind Wohnräume heutzutage multifunktionell und dienen verschiedenen Zwecken. Sie sind eine Mischung aus dem traditionellen Salon, der guten Stube und oft dem Esszimmer. Da Platz heute Mangelware ist, werden zwanglose Mahlzeiten meist in der Küche eingenommen, förmlichere dagegen im Wohnraum. Bei kleineren Wohnungen sind offene Konzepte noch immer in Mode, eine beliebte Alternative ist aber auch der »Hauptraum«, meist der Wohnraum, von dem mehrere kleine Räume abgehen. In modernen Häusern mit mehr als einem Stockwerk gibt es oft in jeder Etage einen Hauptraum. Im Erdgeschoss ist es der Wohnraum, im ersten Stock das Elternschlafzimmer mit angrenzendem Bad. Diese Bereiche bilden das Zentrum der Etage und legen zugleich das ästhetische Thema fest.

Grundsätzlich spricht viel dafür, Kontinuität zwischen den Geschossen zu schaffen, etwa durch eine einheitliche Farbpalette oder ein wiederholtes Muster. Andererseits verlangen die unterschiedlichen Funktionen der Räume schon aus praktischen Gründen oft verschiedene Materialien. Dennoch lassen diese sich optisch auf verschiedene Weise verbinden: Ist der Wohnraum mit Sorgfalt im Detail gestaltet, wird dadurch ein Maßstab für die übrige Wohnung gesetzt. Von diesem wichtigen Raum aus muss sich der Blick für das Detail durch die ganze Wohnung durch Flure und Durchgänge fortsetzen, vielleicht mit kleinen Variationen, sodass der Weg von einem Raum zum nächsten ein angenehmes Erlebnis ist.

Ein Wohnraum soll vor allem behaglich sein. Also muss bei der Planung überlegt werden, was auf der verfügbaren Fläche möglich ist. Anforderungen an jeden Raum sind ausreichende Heizung, angemessene Beleuchtung, Verstecken unansehnlicher Kabel sowie in großen oder offenen Räumen das Schaffen von Zonen, ohne das architektonische Kontinuum zu stören. Je mehr Funktionen ein Raum erfüllt, desto schwieriger können diese Aspekte zu lösen sein. Wichtig ist auch, Platz sinnvoll zu nutzen, um ihn nicht zu verschwenden. Heizkörper und Kabel nehmen Platz ein, aber die moderne Technik bietet Möglichkeiten, sie unsichtbar zu machen. Angesichts der hohen Ansprüche unserer Zeit kann das Gestalten eines modernen Wohnraums mehr Sorgfalt im Detail verlangen als das Restaurieren eines historischen Raums.

BEISPIEL | 1

Behaglichkeit

Ralph und Anne Puccis Haus in Bedford, New York, verfügt über drei Wohnräume (plus Esszimmer): ein Wohnraum zum Lesen und Entspannen, eine gemütliche Bibliothek und ein großer Familienwohnraum neben der Küche. Vor allem der Hauptwohnraum ist ein Musterbeispiel für Präzision und Komfort.

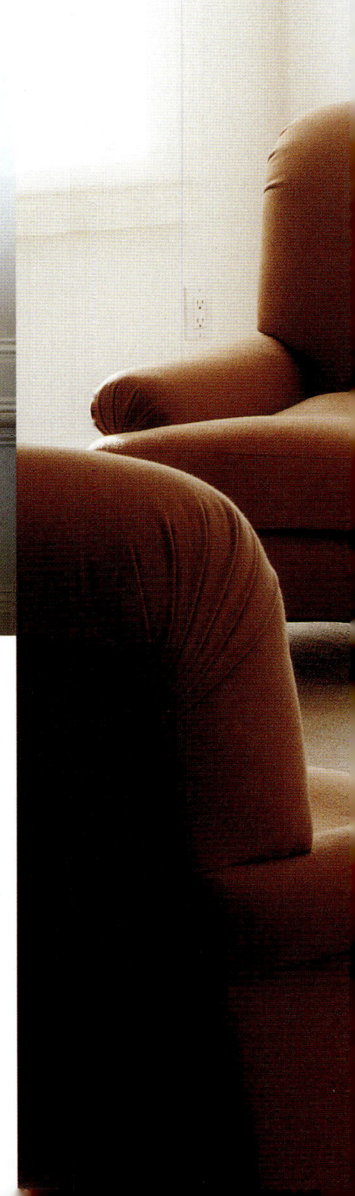

Rechts Zu den Markenzeichen des Designers Wolf zählen wuchtige Sofas mit abnehmbaren Bezügen und schlicht gepolsterte Sessel. Übergroße, gemütliche Kissen setzen Akzente. Fuß- und Deckenleisten sowie andere bauliche Details ohne Funktion lässt Wolf gern entfernen, weil sie den klaren Charakter eines Raums stören.

Oben An einer Schmalwand des Raums in Sepiatönen hängt ein Gemälde von Bettina Werner über einem Art-Nouveau-Eisentischchen. Die gepolsterte Bank ist ein Entwurf von Vicente Wolf für Niedermaier.

Oben rechts Tische stehen in bequemer Reichweite der Sitzmöbel und dienen zugleich als Präsentationsfläche für ausgewählte Objekte. Durch die Kombination traditioneller und moderner Elemente entsteht eine gewisse Spannung, die in dem schlichten Gesamtkonzept jedoch sehr zeitlos wirkt.

Auf der Suche nach Perfektion zog der Designexperte Ralph Pucci den Innenarchitekten Vicente Wolf bei der Gestaltung seines grau verkleideten Hauses hinzu. Wolf wusste, dass die Puccis sich seit ihrer Kindheit kennen und jung geheiratet haben, einen ähnlichen Geschmack teilen und eine »ordentliche, aber lässige« Umgebung schätzen. In ihrem geräumigen Westchester-County-Haus legte Wolf vor allem Wert auf Behaglichkeit und Materialien.

Seiner Meinung nach darf eine Einrichtung nicht nur »arrangiert« sein, sondern jedes Element muss in der Umgebung Sinn machen. Die Materialien – Holz, Sandstein (am Kamin), Leinen, Velours und altes Leder – sind die auffallenden Merkmale des Raums. Sanfte Kaffee- und Sahne-Farbtöne sorgen dafür, dass der Raum trotz der üppigen

CLEMENTE

A Eingangsstufen abwärts
B Langes Sofa
C Eingebaute Bücherregale
D Neue Fenster
E Steinkamin
F Erkerfenster
G Gerundetes Sofa
H Heller Holzfußboden
I Teppich

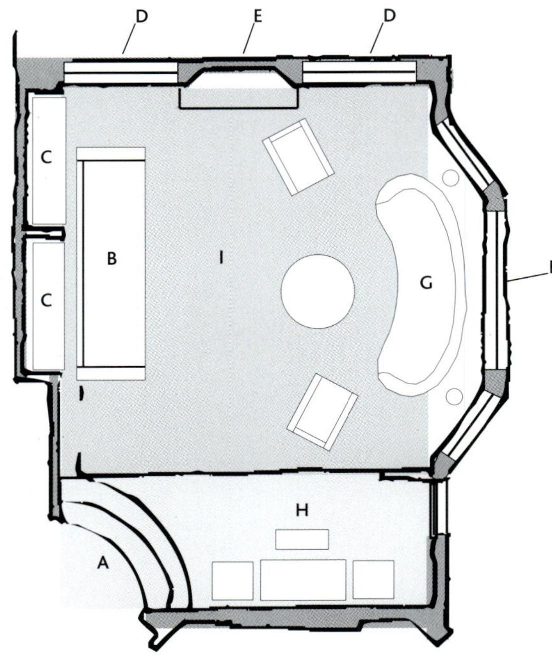

Möblierung nicht unruhig oder überfüllt wirkt. Drei Inseln aus Sitzmöbeln unterschiedlichster Herkunft können je nach Bedarf für viele Benutzer umgruppiert werden. An einer Längsseite liegt ein Erkerfenster, gegenüber eine stattliche Bücherwand, vor der ein gemütliches Sofa steht. Ein Stillleben an einem Ende des Raums spiegelt die Symmetrie der gegenüber liegenden Kaminwand.

Durch Faltrollos aus duftigem Leinen fällt viel Licht aus dem Garten in den Raum. Der leichte Stoff ist als Barriere zwischen drinnen und draußen kaum wahrnehmbar. Der Bezugsstoff der Polstermöbel schlägt die Brücke zwischen Fenstern und Wänden. Durch die wie maßgeschneidert wirkende Möblierung strahlt der Raum eine Klarheit aus, die sich im übrigen Haus wiederholt.

Trotz der zahlreichen sehr verschiedenen Möbel und Objekte wirkt dieser Raum sehr ausgewogen. Bei genauerem Hinsehen erkennt man, dass diese Balance eher durch die Anordnung als durch die Dekoration erreicht wird. Die Proportionen sind gut durchdacht. Auf den wuchtigen Sofas sitzen auch stattliche Gäste sehr bequem, dennoch wirken sie wegen ihrer geringen Höhe und dem schlichten, aber robusten Bezugsstoff ausgesprochen zurückhaltend. Kleine Tischchen stehen da, wo sie wirklich gebraucht werden: neben Sesseln oder vor Sofas, für ein Glas oder Buch. Der edle Teppich unterstreicht den luxuriösen Charakter dieses Raums, der gleichermaßen entspannend und funktionell wirkt.

Oben links Aus der Diele führen zwei Stufen abwärts in den Wohnraum. Ein Wechsel des Bodenbelags markiert die Grenze der Bereiche. Flächen und Kontraste spielen in dieser Wohnung eine wichtige Rolle. Die meisten Wände sind weiß, die Böden bestehen aus dunklem oder gebleichtem Holz.

Rechts Für die Polsterbezüge wurde dezentes Naturleinen, tabakbrauner Chintz und tweedbrauner Chenille verarbeitet. Das wuchtige Sofa ist ein Entwurf von Vicente Wolf. Der Tisch mit der Granitplatte und den geschwungenen, vergoldeten Beinen stammt aus dem Frankreich der 1940er Jahre. Der zweite Tisch aus ähnlichen Materialien trägt die Handschrift Wolfs.

CHÂTEAUX OF THE LOIRE
Provence Interiors
Biedermeier
HENRI MATISSE
MATISSE
APPEARANCES
FRAGONARD
ILLUSTRATORS
Picasso and Portraiture
UNSEEN WARHOL
ART WORK
New York Interiors
GAVINA
POOLS
ISSEY MIYAKE East Meets West
CANOVA
Jackson Pollock
MODERN FURNITURE CLASSICS
GIORGIO ARMANI

Diese Seite In dem luftigen Wohnraum stehen bequeme Liegesofas, deren Füße aus Spiegelglas mit anderen glänzenden Flächen korrespondieren, etwa dem gegossenen Harzfußboden mit den schimmernden Perlmuttpartikeln. Jenseits des niedrigen Holztisches von Habitat liegt der Essbereich.

Gegenüber Die Kuppellampe über dem zwanglosen Esstisch mit der interessanten, unregelmäßigen Form ist papierdünn, besteht aber aus einem Kompositmaterial. Das von Colleoni entworfene Modell wirkt wie eine Skulptur und verleugnet seine nüchterne Funktion.

BEISPIEL 2

Weißes Licht

In dem Stück The Critic *(1779) des irischen Dramatikers Sheridan heißt es treffend: »Lieber Gott, wenn eine Heldin verrückt wird, dann hüllt sie sich stets in weiße Seide.« Das mag so sein, immerhin steht Weiß für die Seele, den inneren Frieden, das Ätherische. Die Besitzerin dieses Wohnraums ganz in Weiß ist beileibe nicht verrückt, wohl aber eine Heldin, denn sie hat die Gestaltung selbst entworfen.*

Oben In den beiden glatten Pfeilern im Wohnbereich sind weit über Kopfhöhe verstellbare Strahler eingebaut, die man kaum wahrnimmt.

Susanna Colleoni, PR-Chefin des Modeunternehmens Missoni, hat das zweistöckige Häuschen im Hinterhof eines älteren Mailänder Gebäudes von einem Architekten gekauft, der es als Büro benutzt hatte. Aus dieser Zeit sind nur die mächtigen Bücherregale an den einander gegenüber liegenden Wänden des offenen Wohnraums im Loft-Stil übrig geblieben, der den Großteil des Baus einnimmt.

Nach dem Auszug des Vorbesitzers wurde das Gebäude komplett umgestaltet. Der gesamte Wohnbereich ist weiß und wirkt sehr hell und geräumig. Die Wände sind mit Dispersionsfarbe gestrichen, der weiße Kunstharzboden hat einen leichten, wie Champagner schimmernden Rosastich, weil vor dem Gießen feine Perlmuttpartikel in die Masse gemischt wurden. Diese Weißtöne bilden einen Gegenpol zu den schrillen Missoni-Mustern und -Farben, mit denen Colleoni beruflich seit 15 Jahren beschäftigt ist. »Die hellen Farben beruhigen und sind auch ein Ausgleich zum Grau der Stadt. Für mich bedeuten Weiß und Creme Harmonie und Freiheit«, erklärt sie.

Das Haus ist ein Lehrstück in Sachen Materialeinsatz und Lichtausnutzung. Deckenhohe Glastüren verbinden den Wohnraum mit der Küche. Auch in den Schlafbereich gelangt man durch eine Glastür. Abgesehen von den großen Bücherregalen sind alle Möbel kaum hüfthoch, sodass die Räume noch luftiger wirken.

Anders als in üblichen Italienischen Wohnungen gibt es keinen Flur. Der Eingang führt direkt in den Wohnbereich, abgeschirmt nur durch einen frei stehenden Garderobenschrank. Rechts befindet sich unter einer großen Kuppellampe ein niedriger legerer Essplatz, dahinter der Sitzbereich mit einem minimalistischen Kamin. Der formalere Essplatz, dessen Stühle mit glänzenden Bezügen das Licht reflektieren, zeigt eine schlichte Strenge. Insgesamt ist dieser Raum eine Studie aus Oberflächenstrukturen und Lichtspielen.

Und trotzdem wirkt der Raum nicht einfach weiß. Jedes Detail wurde mit einer Sorgfalt ausgewählt oder gestaltet, wie man sie sonst eher bei der Restaurierung eines Palazzo erwarten würde. Das Weiß sorgt für Zusammenhalt, die Materialien für Kontraste. Jede Fläche absorbiert oder reflektiert das Licht auf andere Weise, sodass ein subtiles Nuancenspiel entsteht. Im ganzen Haus ist Colleonis Liebe zu modernen Materialien zu spüren.

Rechts Die beiden Bücherregale stammen vom Vorbesitzer, wurden aber weiß lackiert. Mit ihrer rasterförmigen Aufteilung setzen sie einen auffälligen Akzent in dem Wohnbereich – fast meint man, sie hielten ihn aufrecht. Viele Einrichtungsstücke stammen aus dem Haus Cyrus, darunter der Tisch, die Sofas und die Polsterhocker.

Unten Der Kamin ist eigentlich nur eine Öffnung in einer frei stehenden Wand. Er vertritt die minimalistische Architektur, für die sich die Bewohnerin begeistert.

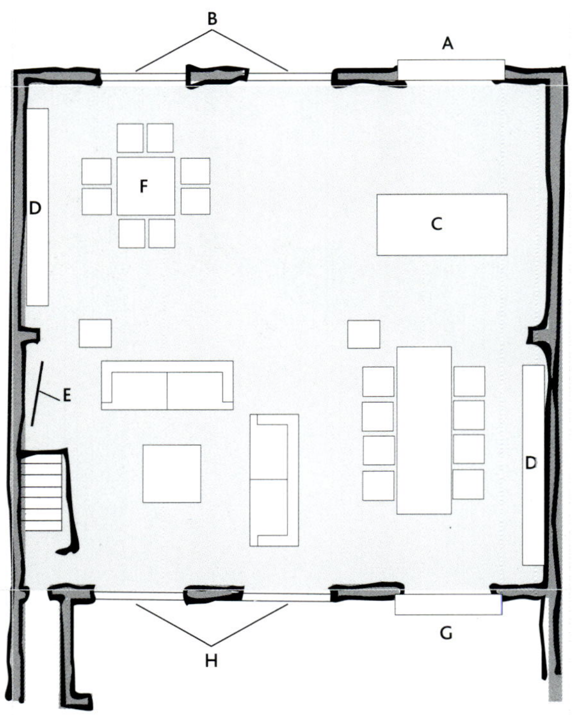

A Tür zum äußeren Hof
B Fenster zum äußeren Hof
C Schrank
D Bücherregale
E Neuer Kamin in frei stehender Wand
F Niedriger Tisch und Sitzmöbel
G Glastüren
H Fenster zum Innenhof

Diese Seite Das L-förmige Sofa mit dem körnigen, schokoladenbraunen Bezug wurde von Shelton, Mindel & Associates entworfen und produziert. Die beiden Tische von George Nakashima stammen etwa aus dem Jahr 1955, der Ledersessel des dänischen Designers Kaare Klingt ist schon fast ein Museumsstück. Die französische Lampe, eine von einem Paar, stammt aus dem frühen 20. Jahrhundert.

Rechts Überall im Haus findet man Elemente aus deutscher Weißeiche, die wegen ihrer (sehr dezenten) Maserung ausgewählt wurde. Andere Accessoires aus Holz kamen später hinzu und ergänzen die komplexe, aber natürliche Farbpalette.

Textur *Die Architekturfirma Shelton, Mindel & Associates widmete sich dem großen Landhaus im Staat New York mit der gleichen Intensität wie dem Stadthaus der Besitzer in Manhattan. Die Bewohner, ein erfolgreiches, junges Paar, ging das Vorhaben an wie die Landschaftsgestalter früherer Jahrhunderte.*

Auf dem über 40 Hektar großen Gelände der Rhinebeck-»Farm« befanden sich fünf separate Holzgebäude, darunter zwei nur wenig voneinander entfernte Wohnhäuser. Die Besitzer haben inzwischen weiteres Land hinzugekauft – eigener Grund, so weit das Auge reicht. Hunderte von Tonnen Boden wurden geliefert, um eine weich modellierte Hügellandschaft zu gestalten, fast wie zu Zeiten von Capability Brown vor einigen Jahrhunderten. Stolz betont die Dame des Hauses, dass die von ihnen geschaffene Landschaft unverdorben bleiben soll – Baufirmen sollen sich keine Hoffnungen machen.

Die Bewohner entschieden sich für Shelton & Mindel, weil ihnen deren Herangehensweise an städtische Häuser gefiel, was zunächst paradox scheint. Die Architekturfirma

Links Das Sofa mit dem Leinenbezug hat eine ländliche Ausstrahlung. Die Sessel von Fritz Henningsen aus dem Jahr 1927 haben noch den Original-Lederbezug. Die mundgeblasene Glaskugel auf dem französischen Arts-and-Crafts-Tisch stammt von der schwedischen Firma Orrefors.

Rechts Der Kamin ist mit Weißeiche und Schiefer verkleidet, davor steht ein handgeschmiedetes Gitter. Der Polsterhocker ist eine Einzelanfertigung, denn es ist schwierig, für eine so fein abgestimmte Einrichtung passende Stücke zu finden. Die Skulptur stammt von dem Designer Brad Dunning.

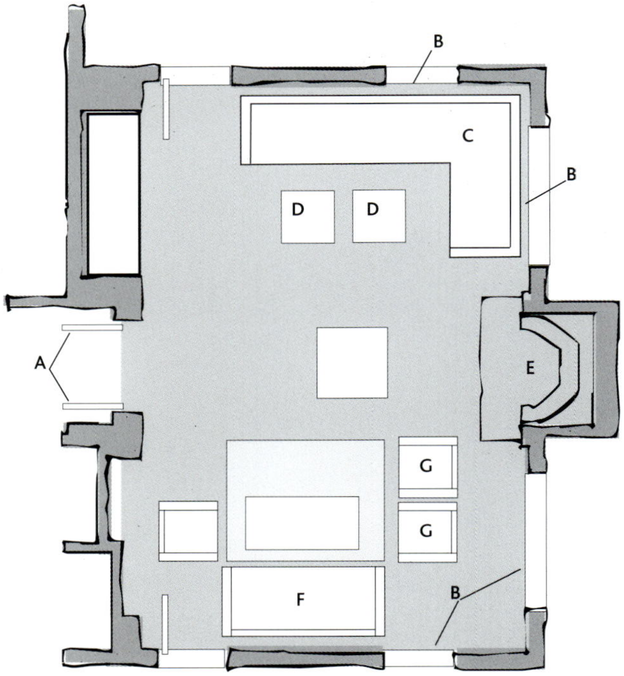

A Eichentüren
B Vorhänge aus Leinen und Voile
C Dunkelbraunes, L-förmiges Sofa
D Nakashima-Tische
E Kamin aus Eiche und Schiefer
F Leinensofa in Goldbeige
G Henningsen-Sessel

gliedert jedes Vorhaben in drei Phasen. Während der »Genesis« wird zunächst Information gesammelt. Dann folgt die »Architektur«, bei der es um die Formulierung von Regeln für ein geschlossenes Konzept geht, und schließlich folgt die »Interpretation«. Das Haupthaus, das die Familie als Zweitwohnsitz benutzt, ist ebenso stattlich wie malerisch. Es ist ein rechteckiges, zweistöckiges Gebäude mit Spitzdach und Reihen aus Fenstern an beiden Längsseiten.

Vom Ende des Flurs aus tritt man durch Doppelflügeltüren aus Eiche in den symmetrischen Wohnraum, das sich über eine ganze Schmalseite des Hauses zieht. Weil in allen drei Außenwänden Fenster liegen, ist der Raum in helles Licht getaucht. Knapp unter der Decke ziehen sich handgeschmiedete Bronzestangen um den Raum, an denen Leinenvorhänge und Voilegardinen in Ecru hängen, »Die Farbe des Lichts«, wie Mindel sagt. Der Raum ist zum Benutzen konzipiert und bietet einem Dutzend Personen bequemen Sitzplatz. Überall im Haus findet man einladende Sessel und Stühle mit Armlehnen. Dicke Kissen sorgen für noch mehr Behaglichkeit.

In allen Erdgeschossräumen sind edle Verkleidungen aus Eichenholz (siehe Seite 106–107) angebracht. Die Hausherrin hat sich bei der Wahl der perfekten Maserung viel Zeit gelassen.

In dieses Haus ist viel Sorgfalt geflossen, und doch wirkt es schlicht und unprätentiös. »Die Kinder und Hunde klettern überall hinauf«, sagt sie.

BEISPIEL | 4

Farbe *Mutige, freche Farben können eine Wohnung erstaunlich verwandeln, vor allem wenn es sich um eine dramatische, imposante, aber recht dunkle Art-déco-Wohnung auf der New Yorker Upper West Side handelt. Dies ist eine Wohnung für jede Saison: kühl im Sommer, behaglich im Winter.*

In gedämpften Farben würde diese Wohnung wenig bemerkenswert wirken. Hollywood-Filme möchten uns glauben machen, dass das amerikanische Art déco glamourös war und von Glas und schwarzem Marmor schimmerte. Ich als Britin stehe unserer Interpretation dieses Stils reserviert gegenüber, denn sie kommt mir vor wie der ärmliche Vetter des Odeon-Stils – anzutreffen in vielen Häusern der Kriegs- und Nachkriegsjahre, und prinzipiell von Zimttönen, Braun und schmuddeligem Creme gekennzeichnet.

Hier hat der Innenarchitekt John Barman das Art déco und die Folgezeit (es gibt hier einige Stücke aus den 1940er und 1950er Jahren) neu und mit viel Witz interpretiert. Er hat sich auf kantige, niedrige und plumpe Möbel konzentriert und dazu Textilien mit Schlingen und Veloursoberflächen, teilweise auch mit Reliefmustern gewählt. Durch knallige Primärfarben wie Rot

Ganz oben Beim Eintreten fällt der Blick auf die geschwungene Treppe. Die blaue Unterseite gibt einen Vorgeschmack auf die Farbwahl, das gebogene Glas wirkt originell und unkonventionell. Der Tisch stammt aus den 1960er Jahren.

Oben Um die Lichtverhältnisse zu verbessern wurden viele Wände abgerissen, die übrigen wurden weiß gestrichen. Überall hängen amerikanische Bilder, deren Farben mit der gewagten Palette der Einrichtung harmonieren.

Im Sitzbereich stehen Originalmöbel aus dem Art déco, bezogen mit hochwertigen Relief- und Veloursstoffen. Barman hat die Funktionsbereiche des Raums durch übergroße Teppiche in Kontrastfarben gekennzeichnet. Durch die Fenster sieht man auf den Central Park.

und Blau sowie einige Spritzer exotisches Lindgrün wirkt diese Kombination jedoch absolut modern. Das ebenso elegante wie fröhliche Konzept ist obendrein sehr behaglich, wenngleich nicht jedermanns Geschmack.

Für den ersten Schritt der Umgestaltung engagierten die Besitzer den Architekten Alexander Gorlin, der die beiden Etagen mit einer schön geschwungenen Treppe verband und einige Wände einreißen ließ, um Licht und Proportionen der Räume zu verbessern. Dann entwarfen John Barman und sein Kompagnon Kelly Graham die Möbel und das Einrichtungskonzept. Im oberen Stockwerk sind Schlaf- und Badezimmer untergebracht, das untere Geschoss wirkt völlig offen, wenngleich sich hier auch eine Küche und zwei kleine Arbeitsräume befinden. Der große Wohnraum bietet Platz für viele Gäste und verschiedene Aktivitäten. In einer Ecke steht ein Klavier, in einer anderen befindet sich hinter einer hüfthohen Wand eine Bibliothek mit Lesesesseln.

Barmans Konzept passt in die Wohnung, weil das Gebäude selbst genug Charakter hat, um sich gegen die Farben zu behaupten. Häufig sieht man historische Wohnungen, die mit minimalistischen Möbeln in Schwarz-Weiß eingerichtet sind. Geschickter ist es aber, dem Stil des Baus zu folgen und ihn mit einigen modernen Farben aufzufrischen – natürlich ohne dabei seinen Charakter zu verleugnen.

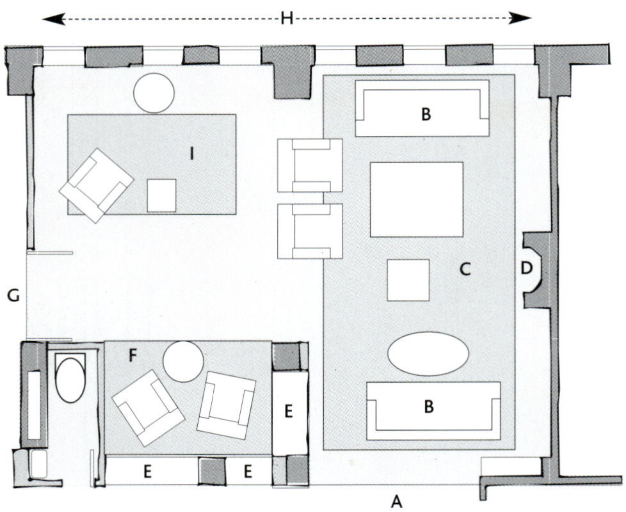

A Offener Durchgang zu Diele und Treppe
B Sofas
C Teppich in Braun und Elfenbein
D Stilisierter Steinkamin
E Hüfthohe Regale
F Lesebereich mit rotem Teppich
G Eingang zum Arbeitszimmer
H Fensterfront
I Champagnerfarbener Teppich

Rechts Die Möbel kommen aus aller Herren Länder. Der Metalltisch mit der Glasplatte von Gio Ponti aus den 1950er Jahren hat auf dem roten Zottelteppich seinen Platz gefunden. Bei der Auswahl der Dekorationen wurde streng darauf geachtet, dass sie perfekt zur Einrichtung passen.

Ganz rechts, oben Der rote Teppich markiert den Lesebereich. Die Regale sind nur hüfthoch, sodass der Blick durch den Raum nicht unterbrochen wird. Die braunen Sessel wirken edel und behaglich.

Ganz rechts, unten Der champagnerfarbene Veloursteppich hat ein Relief-Tupfenmuster. Er harmoniert gut mit dem geometrisch gemusterten Teppich in Schokoladenbraun und Elfenbein nebenan. Beide Teppiche markieren Bereiche im Raum. Der helle Teppich am Fenster hellt den ursprünglich dunklen Bereich auf. Die Glasobjekte auf dem eleganten Tisch aus den 1940er Jahren hat der Sohn der Besitzer geblasen. Sie gehören zu einer farbenfrohen Sammlung, die auch kobaltblaue Objekte von Elsa Peretti für Tiffany umfasst.

BEISPIEL | 5

Geometrie

Der Pariser Architekt Eric Gizard musste seine erste Wohnung in London in einem schwierigen Gebäude in Notting Hill gestalten. Das fünfstöckige Haus mit der weißen Fassade, in dem eine viel gereiste französische Kunstsammlerin mit ihrem britischen Ehemann lebt, sprach mit seinen rhythmischen Kontrasten aus Licht und Schatten Gizards Sinn für Geometrie an.

A Durchgang zur Treppe
B Fenster
C »Barcelona«-Sessel (Nachbau)
D Original-Kaminverkleidung
E Sofas
F Teppiche
G Doppelflügel-Falttür
H Niedriger Kamin
I Bücherregale

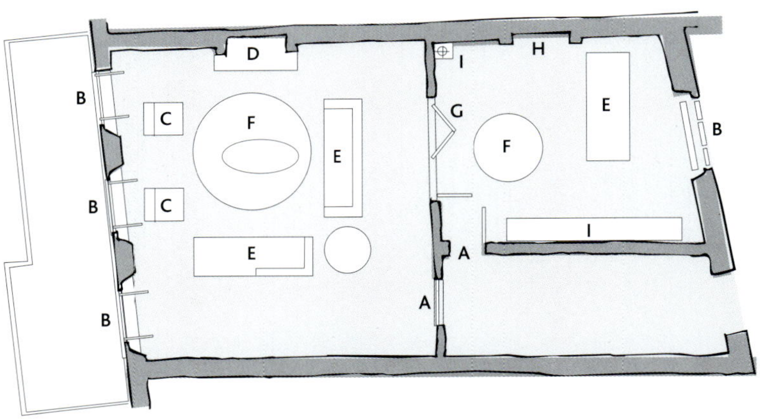

Gutes Design verstehe ich als Bewegung, die zu einem Stillstand gekommen ist. Genau das wurde in dieser Wohnung erreicht. Sie vermittelt Ausgewogenheit und Harmonie, obwohl sie voller Kontraste ist: das Gebäude »very British«, die Einrichtung französisch, die Kunst international und multikulturell. Gizard öffnete die Räume, sodass jetzt das Licht vom Platz vor dem Haus bis zum Garten dahinter fluten kann. Das Hausinnere wurde komplett umgebaut, ein neuer Anbau, der wie ein Zwischengeschoss fungiert, verbindet die beiden unteren Stockwerke mit dem Garten.

Der Wohnraum mit Fenstern auf beiden Seiten liegt im ersten Stockwerk – traditionell in britischen Häusern der eleganteste Teil. Die Verbindungstür steht immer offen und beide Teile vermitteln ein Gefühl von Geometrie. Einer wirkt mit den sorgfältig integrierten traditionellen Elementen eher formal, der andere erhält durch riesige Flächen mit unterschiedlichen Texturen sehr lebendig. Die Kamine blieben erhalten, wurden aber zu schlichten Kästen umgestaltet. Das Ergebnis ist warm und doch modern.

Diese Seite Um die Räume optisch miteinander zu verbinden, gestaltete der Designer im hinteren Bereich eine Bücherwand mit einer Metallplatte, die mit dem modernen Bild im vorderen Raum korrespondiert. Alle Sofas sind Entwürfe von Gizard für Paris Rive Gauche (Edition d'Argentat).

Links Die Formen der Möbel beschreibt der Designer als »architecture miniature«. Überall bleibt reichlich Platz zum Atmen, um die Sofas kann man gehen, als wären es Gebäude. Die Profilleisten, die gut zur klassizistischen Verkleidung des Kamins passen, blieben erhalten.

im Esszimmer

Im Esszimmer kann ungemein viel passieren. Bei Tisch wurden schon viele bedeutende Diskussionen geführt und schlimme Probleme, darunter schlechte Ehen, gelöst oder gelindert. Alfred Lord Tennyson schrieb dazu 1855: »Skandale sollte es zu den Mahlzeiten nicht geben, wohl aber ehrliche Worte und guten Wein.« Es hat also seine Bewandtnis, sich bei der Gestaltung der Wohnung beim Esszimmer etwas Zeit zu lassen – für die hintergründige Poesie wie auch für die praktischen Aspekte: das Höhenverhältnis von Tisch und Stühlen, die Gesprächsfreundlichkeit durch gute Lärmdämmung oder die Frage, ob eine Anrichte eher Bereicherung oder Ablenkung wäre. Stimmen solche Details nicht, steht man rasch vom Tisch auf und wichtige Entscheidungen kommen nicht zustande.

Das Esszimmer ist ein Raum, in dem man ganz bewusst Zeit verbringt. Im Schlafzimmer schaltet das Bewusstsein ab, im Wohnraum läuft es oft auf halber Kraft, vor allem beim Fernsehen. Leider nehmen wir uns heute zum genüsslichen Essen selten Zeit. Viele Menschen essen hastig zwischendurch, ohne viel über die Speisen oder die Umgebung nachzudenken. Ich meine, mit dieser Gewohnheit sollte man aufräumen.

Ich hatte das Glück, einen beträchtlichen Teil meiner Ehejahre in Frankreich zu verbringen, genauer in Paris und einem Vorort, wo ich viel über Essen und Esskultur erfahren habe. Zuerst lernte ich, täglich auf dem örtlichen Markt einzukaufen. Noch heute kaufe ich im Supermarkt lediglich Haushaltsartikel, Putzmittel und Trockenzutaten. Alle anderen Produkte kommen frisch auf den Tisch – und schmecken auch so.

Ein Wunder waren für mich die französischen Frauen. Die meisten wiegen kaum mehr als 50 Kilogramm und genießen dennoch bei jeder Gelegenheit zwei- wenn nicht dreigängige Menüs. Das Geheimnis liegt darin, dass die Franzosen zwischen den drei Hauptmahlzeiten nichts essen, ihr Brot trocken genießen und Rotwein »zur Verdauung« trinken. Besonders gefiel mir, dass man sich beim Essen Zeit ließ.

Die nächste Überraschung erlebte ich in der Grundschule meiner Söhne. Jeden Morgen wurde das Tagesmenü am Schultor ausgehängt. Immer gab es eine Vorspeise, einen Hauptgang, dann Käse (die Sorten wurden genau bezeichnet) und danach ein feines Dessert. Französische Kinder lernen frühzeitig eine ausgedehnte Mahlzeit zu schätzen und mit Geschirr, Gläsern und »richtigen« Messern und Gabeln umzugehen. Folglich können sie sich im Restaurant benehmen, haben keine Angst vor fremden Gerichten und genießen das Essen. Das kann ich mit etwas Stolz auch von meinen Söhnen sagen. Zugegeben, die höfliche Konversation lernten sie erst später, und noch später den gehobenen politischen Diskurs. Vielleicht liegt hier der Grund, warum die Franzosen so geschickt in der Gestaltung von Esszimmern sind. Auch die Römer wussten um den Zusammenhang zwischen Essen und Wohlbehagen. Vergil erklärt in seinen *Eclogae:* »Incipe, parve puer: qui non ridere parenti, nec deus hunc mensa, dea nec dignata cunili est« – zu Deutsch »Fang an, Junge. Wenn du kein Lächeln für deine Eltern hast, wird kein Gott dich an seinen Tisch einladen, und keine Göttin in ihr Bett.« Den zweiten Teil werde ich meinen Söhnen zu gegebener Zeit erklären.

Essen ist eine Erfahrung von ganzheitlicher Bedeutung. Der Raum selbst mit Tischen, Stühlen und Geschirr trägt dazu bei und steckt quasi den Rahmen ab. Ein klares Design kann das klare Denken nur fördern. Keines der hier vorgestellten Esszimmer befindet sich in Frankreich, dennoch beweisen alle Beispiele, wie wichtig die Esskultur in einer gut durchdachten Wohnung ist.

Links Fein abgestimmtes Geschirr wird hinter den deckenhohen Schiebetüren aufbewahrt. Der Boden wird nicht durch Schienen oder Schwellen unterbrochen. Die ganze Wohnung wirkt nahtlos, weil alle technischen Elemente wie Musik, Klimaanlage, elektrische Jalousien und Lampen diskret versteckt sind.

Rechts Der Blick auf die angrenzenden Wohn- und Medienbereiche. Unterschiedliche Akzentfarben grenzen die Zonen des großen Raums voneinander ab. Ein typisches Detail dieser streng gestalteten Wohnung ist die schmale Schattenfuge unter der Decke.

BEISPIEL | 1

Drinnen draußen

Der belgische Architekt Marc Corbiau hat im noblen Uccle-Viertel von Brüssel eine zweistöckige Penthouse-Wohnung entworfen, die von einem niederländischen Juristen im Ruhestand und dessen Ehefrau bewohnt wird. Für die Innengestaltung zeichnet Vincent Van Duysen verantwortlich, dessen Markenzeichen strenge Ästhetik und Qualität sind.

Carrara-Marmor und dunkle Eiche bestimmen im Großteil der Wohnung die Farbpalette. Verschiebbare Wände, einige aus Eiche, andere aus Glas, ermöglichen immer andere Unterteilungen des Penthouse. Prinzipiell aber besteht das untere Geschoss aus einem offenen Raum und einem Schlafraum. Eine Wendeltreppe aus Marmor führt in das untere Stockwerk, in dem die Gäste- und Arbeitszimmer liegen.

Gleich neben dem Zugang zum oberen Stockwerk liegt der Essplatz mit herrlicher Aussicht auf die Baumwipfel im Freien. Ich glaube, seit meinem Besuch der Villa Malaparte auf Capri habe ich keine schönere Aussicht gesehen. Wie ein riesiges Bild wird das Fenster zum Blickfang des Raums. Die friedliche Atmosphäre greift auf den Raum über, nichts kann die Ruhe der Mahlzeit stören. Man fühlt sich fast, als säße man im Freien. Diese Wohnung könnte Besitzern jeder Generation gehören, und mit ihrer Schlichtheit wird sie nie aus der Mode kommen.

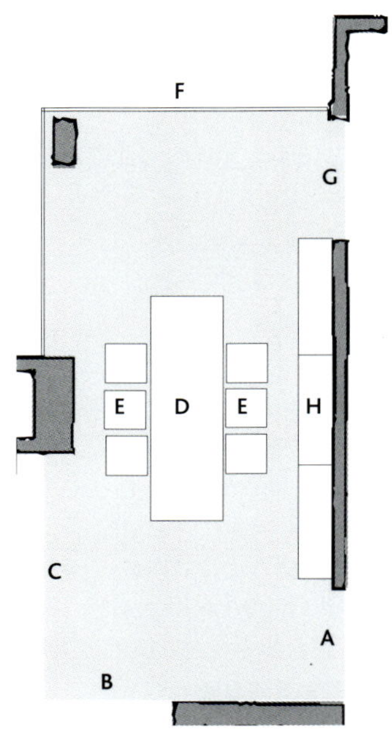

- **A** Eingang von der Diele
- **B** Offener Durchgang zum Medienbereich
- **C** Offener Durchgang zum Wohnbereich
- **D** Esstisch
- **E** Stühle
- **F** Verglaste Wand
- **G** Durchgang zur Küche
- **H** Schränke hinter Schiebetüren

Van Duysen schlug anstelle des vorhandenen Tisches eine zum Boden passende Marmorplatte vor, doch der Besitzer der Wohnung war nicht einverstanden. Das Paar besitzt eine umfangreiche Sammlung vom modernen Möbelklassikern von Eames, Bertoia und Eileen Gray. Für Van Duysen war es eine besondere Herausforderung, diese in sein Konzept zu integrieren.

BEISPIEL | 2

Fließender Raum *In der zweistöckigen Wohnung in einem ehemaligen Industriegebäude im New Yorker Viertel SoHo legte der Innenarchitekt David Piscuskas besonderen Wert auf den Fluss des Raums. Viele Rundungen lockern die strenge, nüchterne Atmosphäre des Baus auf. Das Ergebnis ist ruhig, funktional und keineswegs verspielt.*

Der Essplatz im Obergeschoss liegt in einem Durchgangsbereich. Streng genommen ist er gar kein Raum im engeren Sinne, sondern eher Symbol für die heutige Gewohnheit, im Gehen zu essen. Gerade dadurch ist es ein Essplatz für unsere Zeit. Die Möbel sind attraktiv und solide, wirken aber in diesem Raum, der viel Bewegung erlaubt, eher wie moderne Skulpturen. Es ist die Wohnung eines Kunstliebhabers, die selbst ein Kunstwerk ist. Die New Yorker Firma 1100 Architects wurde 1983 von Piscuskas und Jürgen Riehm gegründet. Auf den ersten Blick wirken ihre Arbeiten wie das Sinnbild einer Designbewegung, die wegen ihrer »Abwesenheit von Stil« bekannt ist. Abwesend ist jedoch nicht Stil im Sinne von Geschmack, sondern im Sinne historischer oder traditioneller Stilelemente. Es ist eine zurückhaltend-sinnliche Ästhetik, die sich inzwischen zu einem eigenständigen »Stil« entwickelt hat. Typisch sind markante, durchaus benutzte Elemente, elegante und klare, aber nicht minimale Linienführung sowie das Zusammenwirken von Raum und skulpturhaften Möbeln.

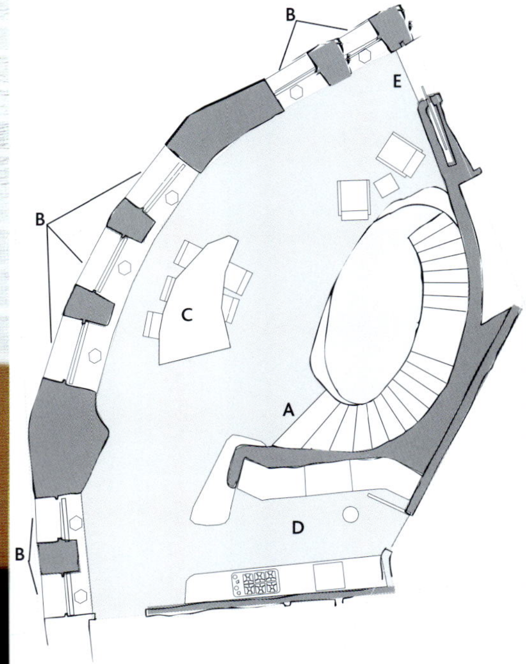

A Neue Wendeltreppe
B Fenster
C Tisch aus Ahorn und Stahl
D Küchenzeile
E Durchgang zu weiteren Räumen

Ganz links Licht, Raum und die Treppe neben dem Essplatz vermitteln ein Gefühl von Bewegung. Die ursprünglichen Fenster mit den Eichenrahmen blieben erhalten, die Wände wurden weiß gestrichen.

Links Der geschwungene Esstisch mit lasierter Ahornplatte und Stahlunterbau wurde speziell für diesen Raum von Gregory Higgins bei Los Olivos (Kalifornien) entworfen. Er zeichnet die Grundrissform des Raums auf interessante Weise nach. Die Stühle erinnern an die griechische *klismos*-Form, die im Lauf der Jahrhunderte viele Renaissancen erlebt hat und im Georgianischen England besonders en vogue war. Die Böden bestehen aus gegossenem, grau eingefärbten Beton mit gefrästen Fugen.

Wenn im antiken Bronzekronleuchter aus Schweden die Kerzen schimmern, breitet sich Romantik im Raum aus. Zusätzlich sind aber dezente Lampen über dem Esstisch in die Decke eingebaut, die mit einem Dimmer reguliert werden. »Dann schimmert das Glas im Kerzenlicht noch viel schöner«, sagt Ratia.

BEISPIEL | 3

Ton in Ton

Kristiina Ratia hat ihr Haus mit der Klarheit gestaltet, das so typisch für ihre finnische Heimat ist. Indirekt hat auch die von ihren Eltern 1951 gegründete Textilfirma Marimekko Inspirationen geliefert. In ihrem Haus in Connecticut hat sie in gedämpften Farben ein symmetrisches Esszimmer gestaltet, das einladend und nicht zu nobel wirkt – ein Familienesszimmer mit der Behaglichkeit eines Kaschmirpullovers.

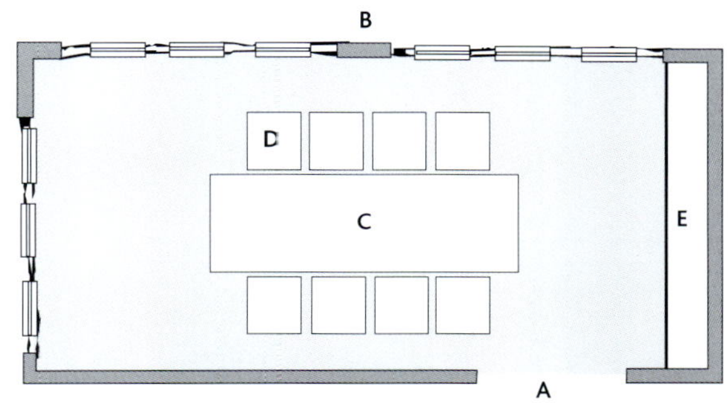

A Durchgang zur Diele
B Schiebefenster
C Esstisch
D Stühle
E Sideboard

Oben Liebevoll ausgewählte Stücke ganz unterschiedlicher Herkunft schmücken das Sideboard. Der runde Spiegel aus der Ralph Lauren Home Collection betont die Symmetrie des Raums und bringt das antike englische Silber und die beiden Mercury-Lampen aus den 1940er Jahren zum Glänzen. Der alte Esstisch (frühes 20. Jahrhundert) bildet einen schönen Kontrast zum Sideboard.

Links Das Sideboard von Ikea wirkt mit dem mattschwarzen Anstrich sehr elegant. Moderne Möbel haben meist leicht laufende Schubladen. Geschirr und Gläser lassen sich darin bestens verstauen und stören die ruhige Schlichtheit des Raums nicht.

Alle Flächen in Ratias Esszimmer sind im gleichen Eierschalenton gestrichen, die Decke jedoch matt und die Holzelemente glänzend. Den Boden aus polierter Eiche hat sie mit einer selbst gemischten Lasur eingetönt. Die Stühle haben schwarz lackierte Beine und Bezüge aus weißer, handgewebter Seide aus Ratias eigener Stoffkollektion. Neben der Palette der Farben und Texturen prägt vor allem die Symmetrie den Charakter dieses Raums. Die Stühle sind akkurat und in gleichmäßigen Abständen aufgereiht. Lediglich die handgewebte Seide sorgt für dezente Unregelmäßigkeiten.

Die grellen, grafischen Marimekko-Stoffe mit Karos und riesigen abstrakten Motiven haben die Textilindustrie revolutioniert, man sprach von »Mode im Stil des Industriedesign«. Zwischen diesen Stoffen und Ratias Wohnung liegen Welten. Sie ist zwar durch ihre Herkunft beeinflusst, hat als Produktdesignerin und Innenarchitekten ihren eigenen Stil entwickelt. Daneben ist das ehemalige Supermodel Mutter von vier Kindern – kann man sich mehr wünschen?

BEISPIEL | 4

Durchblick

In den 1950er Jahren kamen in Kalifornien neue Holzständer-Bauten in Mode, die unglaublich viel Licht in die Räume ließen. Dieses Haus bei Hollywood entwarf Architekt Bob Boulder Thorgusson für eine Ausstellung in Orange County, ehe er selbst einzog.

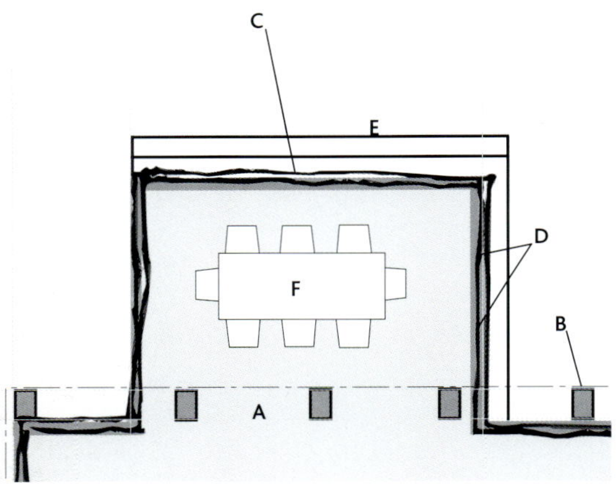

Diese Konstruktion aus Holz und Glas, teilweise über einem Hang und einer Quelle schwebend, ist eines der wenigen Wohnhäuser, die Boulder Thorgusson entworfen hat. Seine Firma Smith & William hat sich vor allem mit Bauten für Industrie und Gewerbe einen Namen gemacht. Heute gehört es Pam Skaist Levy, der Besitzerin des Modehauses Juicy Couture, und ihrem Ehemann, einem Filmemacher. Das Paar kaufte das Haus in traurigem Zustand und brauchte mehr als zwei Jahre, um es zu restaurieren und stilgerecht zu vergrößern. Dazu beauftragten sie den argentinischen Architekten Leonardo Chalupowicz, der sein Büro in Los Angeles hat.

Weil der Essbereich in einem Glaskasten liegt, haben die Besitzer das Thema auf die Spitze getrieben und ihn mit maßgefertigten Möbeln aus Plexiglas eingerichtet. Dieser Raum ist ein Juwel: faszinierend und dekorativ, aber auch sehr praktisch und bequem. Die Möbel sind in der Höhe perfekt aufeinander abgestimmt, die Küche liegt gleich nebenan – was besonders wichtig ist, weil es im Esszimmer kaum Abstellflächen gibt.

A Durchgang mit Pfeilern zur Diele
B Pfeilerkonstruktion
C Glaswände
D Farbige Glasflächen
E Terrasse im Freien
F Tisch und Stühle aus Plexiglas

Oben Die deckenhohen Streifen aus farbigem Glas waren seit jeher im Haus vorhanden, aber nur im Essbereich und der Diele. Die schlichten Glasvasen wurden wegen ihrer interessanten Formen ausgewählt.

Rechts Das Esszimmer schwebt über dem Hang. Es ist zur Diele hin offen, nur dicke Holzpfeiler, die die Hauskonstruktion tragen, markieren die Grenze. Die Plexiglasmöbel sorgen für perfekte Transparenz.

in der Küche

Ein großer Minimalist unserer Zeit ist John Pawson, doch erklärt mir der Kunstexperte David Gill, der Vater dieser Strömung sei Robert Morris. 1964 präsentierte Morris in der Green Gallery in New York eine Reihe großformatiger Körper aus Stahlträgern und grau gestrichenen Sperrholzplatten. Die strengen, geometrischen Skulpturen wurden bald als »minimalistisch« bezeichnet, weil ihnen alle unnötigen Ablenkungen fehlten, etwa figürliche oder metaphorische Bezüge, Details, Ornamente, selbst Reflexionen auf der Oberfläche. Von den 1960er Jahren an verwendete Morris häufig Baumaterialien wie Stahl, Fiberglas und Sperrholz und ließ seine Skulpturen nach präzisen Vorgaben industriell fertigen. Ihm ging es nicht um die Einzigartigkeit, in der sich die talentierte Hand des Künstlers ausdrückt. Seine Arbeiten waren eher Verkörperungen einer Idee. Das eigentliche Kunstwerk war nicht das Objekt, sondern das dahinter stehende Konzept. Folglich konnten seine Stücke bei Bedarf sogar zerstört und für eine andere Ausstellung erneut produziert werden. Betrachten wir dieses Konzept einmal als Ursprung der modernen Baukastenküche: ein fertiges Konzept, das für jede individuelle Anwendung rekonstruiert und angepasst wird.

In den späten 1960er Jahren begannen Morris und seine Zeitgenossen Eva Hesse und Richard Serra mit ungewöhnlicheren Industriematerialien zu experimentieren: Filz, Draht und Gummi. Morris befasste sich vor allem mit Konzepten wie AntiForm (ein selbsterklärender Begriff), Prozesskunst (der es hauptsächlich um den Entstehungsprozess geht) und Postminimalismus (der häufig persönliche oder soziale Anliegen ausdrückte und darum von linientreuen Minimalisten als zu »feminin« und zu »weich« eingestuft wurde).

Was hat all das mit Küchen zu tun? Erstens sind moderne Küchen reduziert. Schlichtheit ist das Schlagwort. Geht es bei den Speisen um die unverfälschten Aromen, so richtet die trendgerechte Gestaltung ihr Augenmerk auf die Funktion – ganz im Sinn des Minimalismus. Wir haben nur so viele Töpfe und Pfannen wie wir brauchen, achten allerdings auf beste Qualität. Die Möblierung beschränkt sich vielleicht auf Barhocker an einem Tresen. Die Küche wird als Arbeitsplatz betrachtet. Dekorativer Krimskrams ist von den Wänden verschwunden, Funktionsbereiche sind ergonomisch angeordnet, für reichlich Ellbogenfreiheit bei der Arbeit ist gesorgt. Und halten sich mehrere Personen im Raum auf, dann erleichtert die Aufteilung und Anordnung die zwanglose Kommunikation. Früher war es üblich, alle Geräte an den Außenwänden der Küche anzuordnen. Heute setzt sich die Kücheninsel immer mehr durch. Die Installation ist statisch, wird aber gern so verlegt, dass alle Geräte in einem einzigen Element untergebracht werden können.

Im Sinne des Minimalismus ist die Küche zudem mehr als eine Küche. Sie ist ein Raum, eine Kunstform, eine Skulptur, ein Konzept. Sie kann sogar ein Durchgang, also ein Un-Raum sein. In diesem Kapitel stelle ich eine minimalistische Küche (von Vincent Van Duysen) vor, außerdem ein geometrisches Formenspiel (von Mark Rios), eine Küche mit sehr persönlicher Handschrift (Eric Gizard) und die weichere (jedoch nicht feminine) Küche von Jasper Conran. Das Zubereiten und Servieren von Speisen ist heute wieder eine soziale Angelegenheit geworden, an der sich auch Gäste beteiligen dürfen, ehe man sich zu Tisch setzt. Kochen und Essen haben sich zu einer neuen Kunstform entwickelt.

BEISPIEL | 1

Elementar *Die Entwürfe des Kaliforniers Mark Rios zeugen stets von einer ganzheitlichen Herangehensweise. Als Architekt und Landschaftsdesigner bietet er Dienstleistungen in Haus und Umfeld an, die sich durch Einfühlungsvermögen und Sorgfalt im Detail auszeichnen. »Die besten Projekte haben fließende Übergänge«, sagt er.*

Oben Farben und Aufteilung erinnern an die Gemälde von Gerrit Rietfeld, der von Piet Mondrian und der holländischen De-Stijl-Gruppe inspiriert wurde. Die Schränke bestehen aus lackiertem Holz, die Arbeitsplatten aus Corian.

Oben rechts Der an Ort und Stelle geschüttete Terrazzoboden erinnert an die kalifornische Architektur der 1950er Jahre. Die Walnussholz-Einbauten des Barbereichs heben sich von den übrigen Küchenmöbeln ab.

Gegenüber Große Glasscheiben lassen Licht herein und öffnen das Haus zum Garten. Das obere Regal zwischen Küchenfenster und Schiebetür ist eine Kombination aus Walnussholz und lackiertem Holz. Das Geschirr stammt von notNeutral.

Wenn an einem Projekt verschiedene Experten für Außen- und Innenbereich beteiligt sind, sollten sie nach Rios' Meinung einen Bereich von 1,50 Metern beiderseits der Türschwelle gemeinsam gestalten. Das Licht spielt drinnen wie draußen eine Rolle, er achtet zudem auch auf die Beziehungen von Licht und Farbe zwischen beiden Bereichen. »Oft sieht man in den Außenanlagen kaltes Licht, das einen Bruch zwischen Innen- und Außenraum erzeugt«, sagt er. Wie Richard Neutra und anderen Architekten aus Los Angeles geht es Rios immer darum, einen visuellen Dialog zwischen Räumen und äußerer Umgebung in Gang zu bringen. Neutra schlug vor, einen durchgehenden Terrazzoboden vom Wohnraum bis auf die Terrasse zu verlegen, sodass das Haus eine

A Durchgang zum Wohnbereich
B Durchgang zum Flur
C Edelstahlelemente
D Lackierte Holzelemente
E Panoramafenster
F Essplatz
G Barbereich

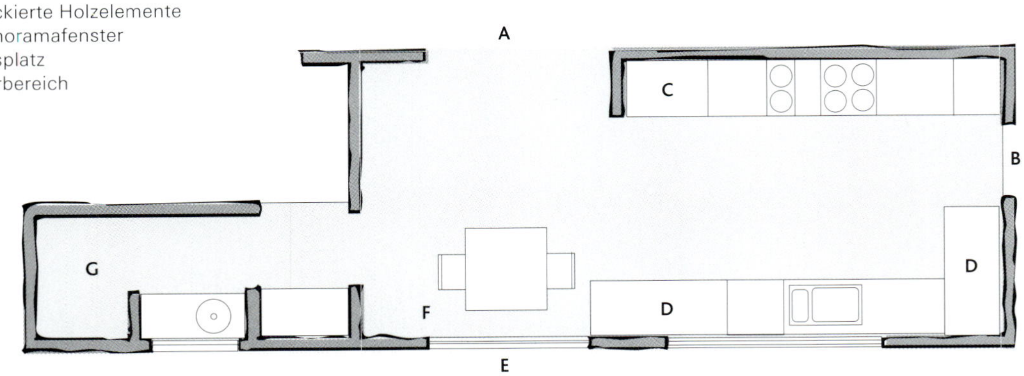

Rechts Die Arbeitsflächen und Spritzschilde rings um den Herd und den Sub-Zero-Kühlschrank bestehen aus Edelstahl. Dieses Material taucht nur auf einer Seite der Küche auf. Jede Fläche hat eine dramatische Ausstrahlung: Terrazzo, Farben, dunkles Holz.

Unten Der Essplatz in der Küche. In den letzten Jahrzehnten wurde es immer üblicher, eine enge Verbindung zwischen Essbereich und Küche zu schaffen oder direkt einen Essplatz in der Küche einzurichten.

Art kontrollierte Umgebung wird, die hinter Glas zwischen Dach und Fußboden gefangen ist. Auch Rios sieht das große Potenzial der Materialien für die beiderseitige Optimierung. Hat ein Grundstück Steinmauern, verwendet er ein geeignetes Gegenstück für den Boden oder eine andere Fläche im Inneren.

In seinem eigenen Haus in Bel Air recken sich einige Außenmauern ins Freie vor. Das Haus ist eine kunterbunte Hommage an den modernen Wohnstil. Das große Panoramafenster, die offene Gestaltung und andere Elemente lassen es verblüffend geräumig und luftig wirken. Es lehnt sich an die Grundzüge des Modernismus an, ohne ihm sklavisch zu folgen.

Kontinuität in Form und Linienführung über die Grenzen des Hauses hinaus sind Merkmale der kleinen Küche – ungeachtet der Tatsache, dass sie zur Straße liegt und einige Häuser in der Nähe stehen, während man auf der anderen Seite einen großartigen Ausblick hat. Die Küche führt das ästhetische Konzept des Hauses fort. Die Materialien sind edel, doch letztlich ist sie nur die Versorgungsbasis für zwei Personen und kein geselliger Treffpunkt. Ein Essplatz ist in der Küche untergebracht. Ein zweiter, kaum weniger zwanglos, füllt einen Teil des Hauptwohnraums aus. Jenseits des kleinen Esstischs befindet sich eine »Bar« – eine geschickte Aufteilung in Funktionsbereiche. Es gehört zu den größten Herausforderungen moderner Raumgestaltung, Bereiche abzugrenzen ohne Barrieren zu errichten.

VIKING

BEISPIEL 2

Modernismus light *Jasper Conrans Wohnung im Westen Londons hat durch die Kombination aus klassischer Eleganz und dezenter Sachlichkeit einen Hauch moderner Grandezza. Die Entwürfe des Bewohners zeichnen sich durch Konsequenz aus, ob es die »J«-Serie für Debenhams Stores ist, Glasprodukte für Waterford, Geschirr für Wedgwood oder diese von ihm selbst gestaltete Küche.*

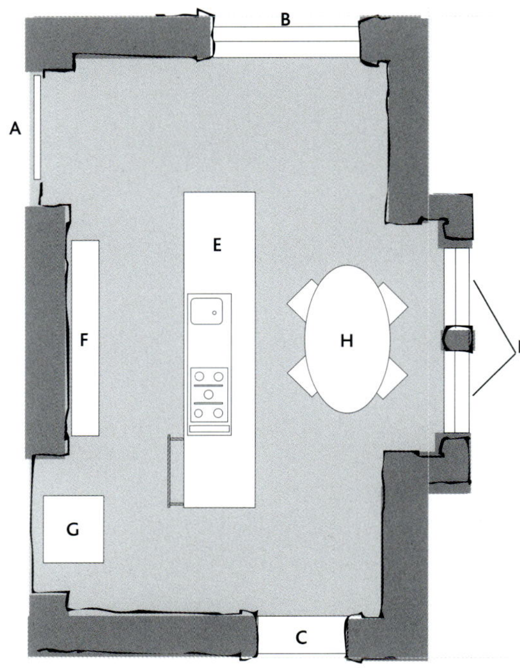

A Durchgang zur Diele
B Tür des traditionellen Einbauschranks
C Durchgang zum Wohnraum
D Fenster
E Kücheninsel
F An der Wand aufgehängter Unterschrank
G Kühlschrank
H Historischer Tisch mit Stühlen

Die eingeschossige Wohnung in dem spätviktorianischen Haus, das ursprünglich für den Leiter der Bank of England erbaut worden war, wurde komplett umgebaut. Die ehemalige kleine Küche wurde in ein Bad mit Ankleidezimmer verwandelt. Der Wohnraum zog in den alten Ballsaal, der nach einigen überdimensionalen Stücken verlangte. Die neue Küche, früher ein Anbau des Ballsaals, kam gleichfalls an die Reihe. Ann Boyd, die an der Gestaltung mitarbeitete, erinnert sich, dass Conrans Porträtsammlung viele Anregungen für Details lieferte – vor allem die Spitzen und Stoffe der Kleidung der Modelle.

Die Küche hat zwei Eingänge, einen vom jetzigen Wohnraum und einen von der Diele aus. Ihren Kern bildet eine zentrale Insel. In modernen Küchen ist diese Aufteilung beliebt, weil man sich bequem rundherum bewegen kann. Außerdem hilft angeblich eine zentrale Kücheninsel bei der Vermeidung häuslicher Unfälle.

Links Lack- und Edelstahl-Küchenelemente von Boffi werden hier lässig und ungeniert mit Stühlen aus den 1940er Jahren kombiniert. Weiß lackierte Lamellen-Klappläden aus Holz sind an den Fenstern montiert. Jalousien wären zu simpel gewesen, Vorhänge zu verspielt.

Diese Seite und links unten Parallel zur Kücheninsel ist eine Zeile aus Unterschränken an der Wand aufgehängt, darüber an einer schlichten Stahlstange allerlei Küchenutensilien. Der Boden besteht aus breiten Eichendielen. Conrans Einrichtung mit streng modernen und klassisch verschnörkelten Elementen ist beileibe nicht minimalistisch. Die dekorativen Stuckbordüren und Zierleisten an Wänden und Decken sind »traditionell inspiriert, aber vom laufenden Meter gekauft«, wie Conran es ausdrückt. Sie sind eine Hommage an den Charakter des Gebäudes.

Diese Seite Die Linienführung des Küchenblocks und des darüber hängenden Kastens mit Beleuchtung und Dunstabzug sind auf das Elementare reduziert. Zwei exakt quadratische Spülbecken sind in die Marmorplatte eingelassen, Seiten und Rückwand sind leicht erhöht, falls einmal etwas verschüttet wird (um Himmels willen!).

Rechts oben Der Backofen (groß genug für ein ganzes Tier) versteckt sich hinter einer Schiebetür, ebenso die Schränke für Vorräte und Geschirr. Diese Küche wird häufig benutzt. Die Frau des Hauses kocht gern, und die Ernährungsgewohnheiten des Hausherrn verlangen nach frischen Zutaten und Experimenten.

Rechts unten Die Küche als Skulptur. Diese Küche ist zweifellos minimalistisch, doch fehlt ihr die Sterilität, die man so oft in reduzierten Räumen findet. Sie ist zum Benutzen gestaltet.

Klare Fakten *Van Duysen hat diese elegante Wohnung in Brüssel gestaltet, in deren schmaler Küche mit Marmorverkleidung sich nur eine kleine, zentrale Arbeitsinsel befindet. Diese Insel folgt der Form des Raums und definiert so, ähnlich wie die Arbeiten von Robert Morris aus den 1960er Jahren, die physische und zeitliche Beziehung des Betrachters zum skulpturhaften Objekt.*

A Durchgang zum Flur
B Durchgang zum Esszimmer
C Marmorwände
D Marmor-Kücheninsel, darüber Dunstabzugshaube
E Stauraum und Backofen hinter Schiebetüren
F Fenster

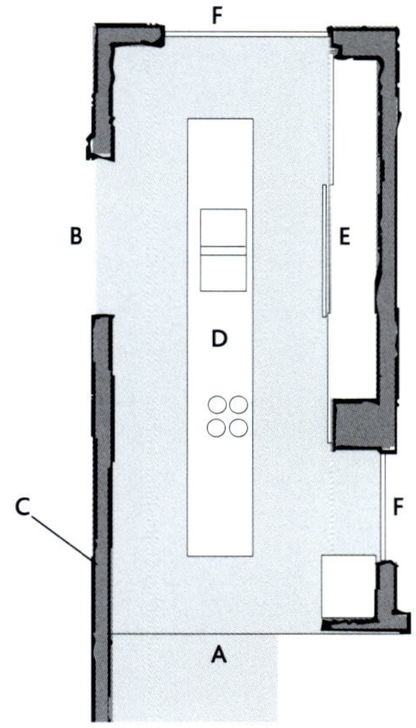

Die zentrale Kücheninsel ist sachlich wie ein Werkzeugkasten. Es ist eine elementare Form, in der sich alle nötigen Utensilien am rechten Platz befinden. In diesem Fall dient sie der technischen Versorgung eines Raums, der ausschließlich der funktionalen Zubereitung dient. Genossen werden die Speisen im angrenzenden Esszimmer. Wird der Minimalismus hier übertrieben? Ich denke nicht, denn die Küche fügt sich perfekt in die sachliche Wohnung ein, die dem Licht geweiht zu sein scheint, das durch automatisch gesteuerte Jalousien feinfühlig reguliert wird. Zudem ist sie authentischer Ausdruck von Stil und Geschmack des Besitzers.

Beim Blick in diese Küche fragt man sich, was hier einen Platz an der Wand verdienen könnte. Die subtile Ausdruckskraft eines vielschichtigen Werks von Ben Nicholson oder eines Reliefs in Weiß vom britischen Künstlerduo Langland und Bell wäre schwer mit Worten zu beschreiben. Solche Kunst spricht für sich. Ähnlich empfinde ich Van Duysens Marmorküche: Für diese Reinheit gibt es kein passendes Wort. Ich wage aber zu sagen, dass sie Klasse hat.

BEISPIEL 4

Farbvorlieben *Eric Gizards eigene Wohnung hat sich im Gegensatz zu der seiner Londoner Klienten (siehe S. 32–33) im Lauf der Zeit entwickelt. Sie erzählt von seiner Begeisterung für das Design der zweiten Hälfte des 20. Jahrhunderts. Gelbtöne, die sich für viele Zwecke eignen, herrschen in der Farbgebung vor.*

Wer eine große Vision hat, kommt auch mit kleinem Budget aus. Gizard lebt an einer kleinen, geschäftigen Straße im X. Arrondissement von Paris, einem lebendigen Viertel mit viel Charakter. Wie kann ein junger und doch schon sehr anerkannter Designer diese Qualität besser umsetzen als durch eine witzige, farbenfrohe Wohnung?

Die offene Wohnung ist in Funktionsbereiche gegliedert. Die Schrankelemente in der Küche reichen fast bis zur Decke, ihre Rückseiten grenzen den Flur ab. Die Küchenschränke auf der gegenüber liegenden Seite bilden eine deckenhohe Wand mit einem Fenster, hinter dem das Bad liegt. Verschiedene Farben sowie wechselnde Wand- und Fußbodentexturen kennzeichnen die Funktionsbereiche der Wohnung. Die Decke in einem optimistischen, vitalen Gelb wirkt durch Stahlgrau und Blau noch lebhafter. Sie bildet die optische Verbindung zwischen den einzelnen Zonen.

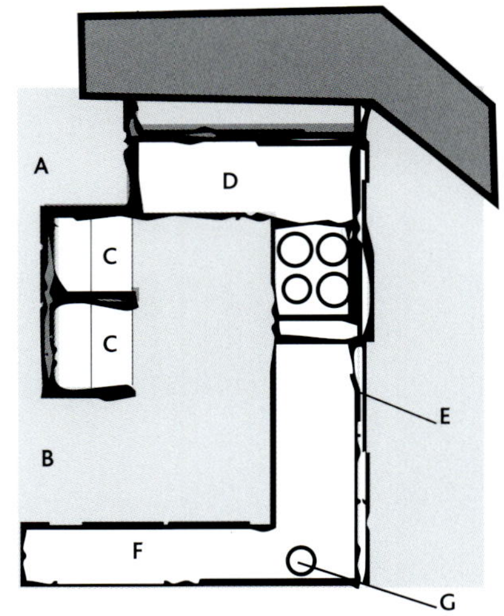

A Eingangsbereich
B Durchgang zur offenen Küche
C Kühlschrank, Backofen und Schrank
D Deckenhohe Schränke
E Fenster zum Bad
F Tresen zwischen Küche und Essplatz
G Stützpfeiler

Diese Seite Die originelle Korblampe lässt an die 1960er Jahre denken, es ist aber ein neues Stück aus Thailand, das für die Firma Assiatide hergestellt wurde. Die intensive Deckenfarbe lässt in Kombination mit den weißen Wänden den Raum niedriger wirken, was angesichts der starken Betonung der Horizontalen hier aber kein Problem ist. Die notwendigen Stützpfeiler geben dem Raum Charakter.

Ganz links Zur Küche hin sind die Schränke mit Stahl verkleidet. Das halbhohe Element dient zum Abstellen von Speisen, die am angrenzenden Essplatz serviert werden. Eine »schwebende Wand« trennt den dahinter liegenden Schlaf- und Ankleidebereich ab.

Links Um das dekorative Thema fortzuführen, wurden die Schubladenfronten mit Metall verkleidet. Massive Metallschubladen sind laut und entweder leicht und instabil oder sehr schwer. Die Verkleidung aus dünnem Metall ist ebenso praktisch wie attraktiv.

im Durchgangsbereich

Im 19. Jahrhundert griff Lew Tolstoi in seinem Roman *Krieg und Frieden* Le Corbusier vor, indem er formulierte: »Unser Körper ist eine Maschine zum Leben. Dafür ist er gemacht, das ist seine Natur. Behindere das Leben nicht, lass es sich selbst verteidigen, dann vermag es mehr, als wenn du es durch allerlei Mittel lähmst.«

Wir sind, was wir sind. In einer Zeit wachsender Selbst- und Fremdanalyse haben wir ein neues Schlagwort gefunden, um den Geisteszustand zu beschreiben: pathologisch. Die Bedeutung des Begriffes Pathologie hat sich verschoben. Früher bezeichnete sie die Erforschung von Veränderungen der Organe und Gewebe, der Abweichungen vom normalen Gesundheitszustand. Heute geht es mehr um unsere mentale und emotionale Empfänglichkeit, an der nicht viel zu ändern ist. Es scheint, als sei »pathologisch« eine neues Synonym für absonderlich, exzentrisch und als reiche die semantische Verwandtschaft zum »pathos« für diese Definition bereits aus. Wenn also die Wohn-, Ess-, Schlaf- und Badebereiche eines Hauses gemeinsam für unser Verhalten stehen, dann repräsentieren die Flure, Treppen und Verbindungsbereiche das »Pathologische«, denn generell sind sie ein zwangsläufiges, notwendiges Element. Ohne diese Verkehrs- und Verbindungswege kämen wir in unseren Wohnungen nicht zurecht, denn wir haben in erster Linie Beine.

Flure und Verbindungsbereiche entscheiden über die Funktionalität einer Wohnung. Treppen, ohne die es keine Obergeschosse gäbe, spielen ebenfalls eine wichtige Rolle und verändern sich durch die Entwicklung neuer Materialien. Lehm und Stroh, die ersten Baumaterialien für Treppen, wurden bald durch Stein und Holz abgelöst. Vom 19. Jahrhundert an ermöglichten Stahl und Beton auch das Überbrücken großer Strecken. Glas, verstärkter Beton und Fortschritte in der Konstruktionstechnik öffnen der ehrgeizigen Architektur immer neue und interessante Möglichkeiten. Durch diese Materialvielfalt haben Treppen ihre Starrheit verloren, luftige Wendeltreppen und weiche Schwünge sind in Mode gekommen. Wir achten vor allem auf den Charakter einer Treppe, ihre Form und die Bequemlichkeit des Auf- und Abstiegs. Treppen sind, ebenso wie Flure und Dielen, schlichter geworden. Dennoch bieten auch bei modernen Treppen Geländer und Stufen Spielraum für Individualität.

Die Optionen für Durchgangsbereiche sind vielfältig. Ein Haus kann eine Diele haben, von der alle anderen Bereiche abzweigen. Die Räume können hintereinander angeordnet sein und von einem seitlich liegenden Flur zugänglich sein. Gehen Räume ineinander über oder ist eine Wohnung offen gestaltet, kann man auf Flure ganz verzichten. Wo ein Flur vorhanden ist, kann er als reiner Verkehrsbereich dienen, aber auch als eigenständiger Raum. In jedem Fall brauchen solche Bereiche eine angemessene Beleuchtung aus Tages- und Kunstlicht. Bei der Auswahl der Materialien, die den Raumcharakter bestimmen, spielen neben Sicherheitsaspekten die Lebensumstände eine Rolle, etwa ob man allein lebt, die Wohnung mit anderen teilt, vielleicht mit Kindern (die Lärm machen). Hier kommen Selbstanalyse und Gefühl zum Tragen.

Viele Probleme lassen sich instinktiv lösen. Das meint auch der amerikanische Komponist Michael Torke, den der *Observer* zitiert: »Warum Geld für Psychotherapie ausgeben, wenn man Bachs Messe in h-Moll hören kann?«

BEISPIEL 1

Offenheit

Der amerikanische Architekt Michael Wolfson, der in London an der Architectural Association in Bloomsbury studiert hat und heute in England lebt, beschreibt seine Arbeit als »dekonstruierten Modernismus – obwohl es eigentlich eine Weiterentwicklung der Theorien und Ideale ist, aus denen der Modernismus entstand«.

Oben Breite Dielen aus gekalkter, polnischer Eiche und die stattliche, aber sehr schlichte Treppe stellen eine optische Verbindung zwischen den Wohnbereichen her. Die Treppe windet sich um eine Wand mit vielen rechteckigen Durchbrüchen, die sie leichter wirken lässt. Zugleich versteckt diese Wand die Stahlkonstruktion, die der Treppe Stabilität gibt.

Oben rechts Die Bauherren wünschten »mehr Licht« und bestanden auf weiteren Durchbrüchen.

Gegenüber Die Treppe führt zum Essplatz im Zwischenstock und einem Atelier.

Wolfsons Interesse gilt vor allem Form, Linienführung und Textur. Diese Aspekte spielen hauptsächlich in den Verbindungsbereichen zwischen Räumen eine Rolle. Wolfson hat sie in der Londoner Wohnung von Prinz Nicholas Guedroitz und seiner Frau Solina, einer Fotografin, wirkungsvoll eingesetzt. Die Familie lebt mit ihren drei Kindern in London, weil sie die Stadt mögen und weil der Prinz sich mit seiner Galerie in der Pimlico Road als Experte für russische Kunst und Antiquitäten etabliert hat. Das Paar brauchte ein großes Haus für die Familie, das gleichzeitig einen modernen Hintergrund für ihre Antiquitätensammlung bot. Wolfson hat ihr klassisches Stadthaus in Kensington in ein Meisterwerk der Raumgestaltung verwandelt. Das Haus wurde komplett entkernt und vollständig geöffnet. Die alte Aufteilung ist nicht mehr zu ahnen.

Gegenüber Der Blick aus dem Wohnbereich vorbei an einer verspiegelten Wand in den Essbereich, der ein halbes Stockwerk tiefer liegt. Darüber befindet sich das Atelier. Die Stühle am Esstisch stammen aus dem 18. Jahrhundert (Frankreich), der Tisch aus Stahl und Glas ist ein Entwurf von Sir Norman Foster für die italienische Firma Tecno.

Links Der Blick vom Atelier nach unten. Durch das Öffnen der Diele entstand eine Galerie, auf die man sich zurückziehen kann, ohne völlig vom Familiengeschehen isoliert zu sein.

Statt dessen bilden seinen Kern jetzt eine Reihe offen ineinander übergehender Bereiche, die wie aus einem Guss wirken.

Beim Betreten des Hauses fällt der Blick auf eine beeindruckende Treppe, die den Besucher direkt in den Essbereich führt. Er liegt quasi auf einer Zwischenetage mit anschließender Terrasse. Ein paar Stufen höher schließt sich der Wohnbereich an. Von hier gelangt man zu einer weiteren Galerie, die als Atelier dient. Alle Bereiche sind miteinander verbunden, dennoch wirkt jeder ganz privat.

Dieser zentrale Hauptteil des Hauses liegt zwischen zwei weiteren Geschossen. Eine versteckte Treppe führt nach oben zu den Schlafräumen. Im Tiefgeschoss befinden sich Personalräume, das Erdgeschoss wirkt überraschend zwanglos. Hier befindet sich die originalgetreu erhaltene Bibliothek, die wegen ihrer wunderbaren Proportionen unverändert blieb. All das wird verbunden durch den offenen Mittelbereich, der den Bewohnern viel Bewegungsfreiheit lässt, ganz im Sinne des griechischen Philosophen Heraklit: »Alles fließt, nichts steht still.«

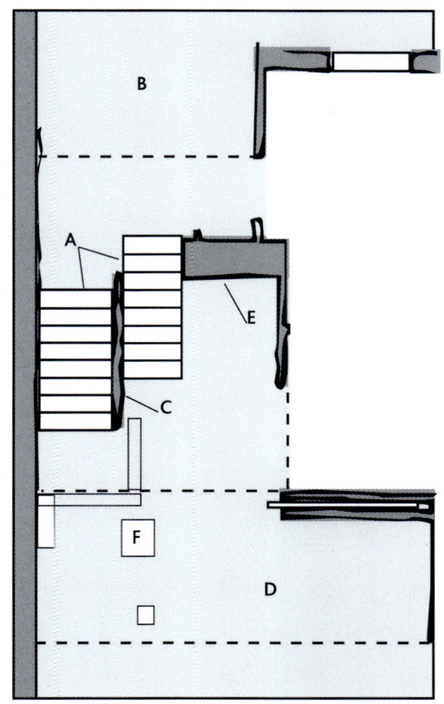

A Treppe
B Essbereich
C Halbhohe Wand mit Durchbrüchen
D Wohnbereich
E Verspiegelte Wand
F Stützpfeiler

BEISPIEL 2

Mittendrin

Die meisten offenen Wohnungen haben keinen Flur, sondern sind eine Konstellation aus Bereichen mit Achsen in allen Richtungen. In Pam Skaist Levys Haus bei Hollywood (restauriert von Leonardo Chalupowicz) sind die offenen Räume um den Eingangsbereich angeordnet, der jedoch fließend in das Gesamtkonzept integriert ist.

Schimmernde Holz- und Schieferböden erstrecken sich vom Eingangsbereich (der wie ein eigenständiger Raum wirkt) durch den Essbereich (siehe Seite 42–43) und Wohnbereich und vermitteln ein Gefühl von Nahtlosigkeit. Türen sind nicht vorhanden. Die meisten Wände im Haus bestehen aus Holzpfeilern und Glasscheiben. Der hohe Anteil an Naturmaterialien verhindert, dass diese sichtbaren Konstruktionselemente »industriell« wirken. Der Klang vom Bachlauf und Springbrunnen lässt an japanische Gärten denken. Tatsächlich hat Pam Skaist Levy weite Teile des Interieurs einem japanisch/amerikanischen Ansatz gewidmet: »James Bond meets Kyoto«, wie sie es beschreibt.

Der Eingangsbereich ist sehr zurückhaltend und klein gehalten. Möbel und dekorative Accessoires wirken wie maßgeschneidert. Ein niedriger Tisch rahmt einen der Pfeiler ein. Indem er von Diele und Wohnbereich aus zugänglich ist, verbindet er die beiden Bereiche. Der große Leuchter dient mal in der Diele und mal im Essbereich als Blickfang.

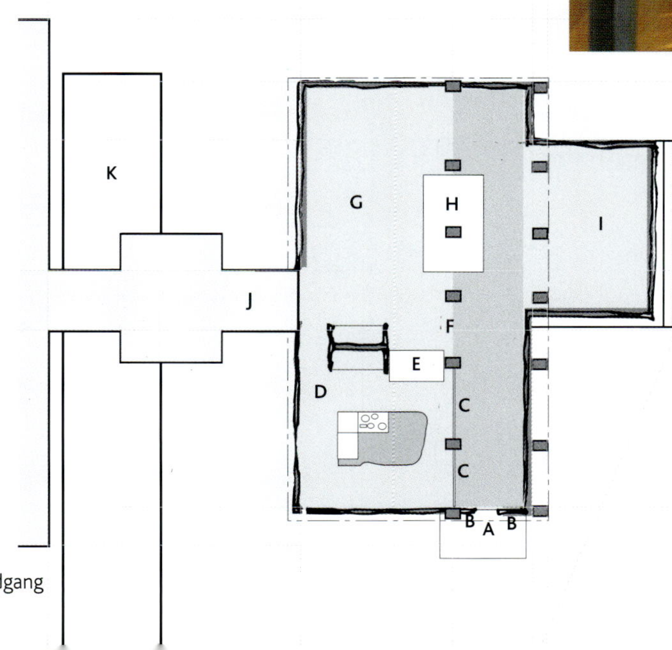

A Eingangstür
B Buntglas-Scheiben
C Durchgang zur Küche mit Shoji-Papierschirm
D Küche
E Frühstückstresen
F Offener Durchgang zum Wohnbereich zwischen Pfosten
G Wohnbereich
H Tisch um einen Stützpfeiler
I Essbereich, offen zur Diele
J Durchgang zur überdachten Brücke
K Swimmingpool

Oben Jeder Raum hat mindestens eine ideale Tageszeit, dieser Eingangsbereich hat mehrere. Durch die Ost-West-Ausrichtung malt die Morgensonne ausdrucksvolle Schatten, im Nachmittagslicht wirkt er sanft, in der Dämmerung kühl und abends wie vergoldet.

Rechts Der Blick vom Eingang ins Haus. Links liegt der Wohnbereich, rechts jenseits der Pfeiler der Essplatz. Hinter der Glaswand befindet sich eine der Terrassen. Die interessanten Glasvasen greifen das Grün der Bepflanzung auf.

BEISPIEL | 3

Bindeglied *Die Wohnung von Katy Barker, Inhaberin einer Agentur für Modefotografie, hat eine typisch französische Aufteilung. Die Räume liegen hintereinanderund sind an einer Seite verbunden. Der Flur hat in Boden und Decke versenkte Strahler und ist mal schmal, mal zu einem Raum hin offen.*

Diese Seite Der Blick aus dem Wohnraum zeigt, wie die Räume hintereinander liegen – verbunden durch den schlichten, schmalen Flur auf einer Seite. Interessant sind die versenkten Strahler in Boden und Decke sowie der praktische Einbauschrank vor dem Gästezimmer am Ende des Flurs.

Gegenüber In der entgegengesetzten Richtung erfasst der Blick einen Teil des Wohnbereichs und die Treppe zum Schlafzimmer. Auch in den Treppenstufen sind Strahler eingelassen, die wie eine Landebahn den Blick in die Höhe führen. Der weiße Sessel, einer von einem Paar, stammt von Arne Jacobsen.

Die Pariser Wohnung verdeutlicht den beträchtlichen Unterschied zwischen der französischen und der kalifornischen Wohnkultur. Während sich im Haus in den Hollywood Hills (siehe Seite 62–63) die Bereiche offen um die Diele gruppieren, bevorzugen die Franzosen für jede Aktivität einen separaten Bereich. Katy Bakers Haus ist keine *Enfilade* im klassischen Sinn, bei der man ganz ohne Flur durch Verbindungstüren von einem Raum zum nächsten gelangt. Sie ist unverkennbar das Produkt einer typischen historischen Wohnkultur und den daraus resultierenden Bauformen, wurde aber modernen Bedürfnissen angepasst.

Barker ließ die Erdgeschosswohnung am Linken Seineufer von dem Innenarchitekten Laurent Buttazzoni umgestalten. Die Wohnung liegt im Erdgeschoss, nur ein Schlafzimmer befindet sich im ersten Stock. Durch die Eingangstür gelangt man direkt in den Wohnraum, gegenüber liegt der Durchgang zu den anderen Räumen.

Diese Aufteilung erinnert mich an den Weg aus der Flughafenlounge zum Flugzeug. Die Wartehalle ist quer angelegt, ein Gang führt zu den Flugsteigen. Am Flughafen ist das eine gute Lösung, denn nach der Sicherheitskontrolle sind Barrieren nicht mehr nötig. In Barkers Wohnung im VI. Arrondissement verhält es sich ähnlich. Ein Innenhof hinter dem Tor zum Gebäude vermittelt das Gefühl von Sicherheit. Ihn muss man durchqueren, ehe man den Wohnraum betritt. In New York, wo es weitaus weniger Innenhöfe gibt, würde ich diese Konstellation als ungünstig empfinden, gewissermaßen zu bedroht durch die Außenwelt. Nur in den älteren europäischen Städten mit ihren typischen Hinterhöfen ist diese Lösung sinnvoll, weil der Hof wie eine Diele für alle von ihm abgehenden Wohnungen wirkt.

Das Innere von Barkers Wohnung wirkt fließend: vier weiße Räume ohne Türen, verbunden durch eine Landebahn aus Lichtern an einer Längswand. Der Flur ist nur so breit wie die Brandschutzbestimmungen erlauben. Dennoch bildet er eine klar erkennbare Verbindung zwischen den einzelnen Räumen.

Rechts Die Wohnung hat zwei Eingangstüren: eine Glastür (links im Bild) sowie eine zweite in der Küche. An der Längswand gegenüber den Eingängen liegt der Flur. Regale aus hellem Eichenholz sind unregelmäßig aufgehängt, um den grafischen Charakter des Raums zu betonen. Die Sofas stammen von B&B Italia.

Unten Weil keine Tür die Küche vom Flur trennt, muss dieser Bereich immer aufgeräumt aussehen. Alle Geräte und Utensilien sind in den schlichten Elementen aus weißem Laminat und Edelstahl untergebracht, die sich an einer Trennwand aufreihen. Hinter der Küche liegen Esszimmer und Wohnraum.

- **A** Eingang vom Hof in die Küche
- **B** Eingang in den Wohnraum
- **C** Wohnraum
- **D** Schlafzimmer
- **E** Glaswand
- **F** Treppe zum Schlafzimmer im Obergeschoss
- **G** Flur
- **H** Im Boden versenkte Strahler
- **I** Küche
- **J** Esszimmer
- **K** Gästezimmer mit Bad

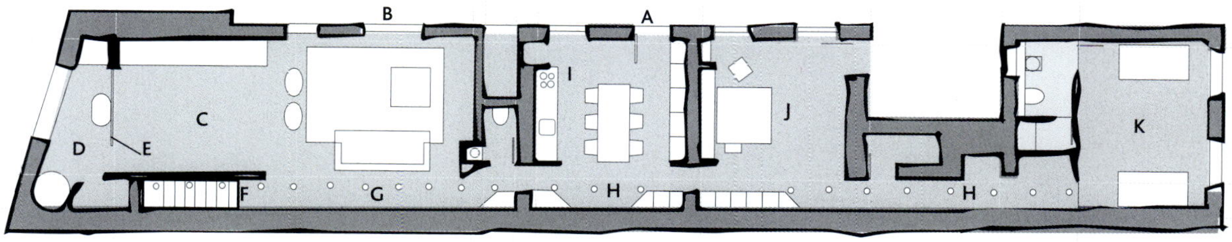

im Schlafzimmer

Der englische Schriftsteller C. K. Chesterton sagte in seinem Werk *Tremendous Trifles* (1909): »Es wäre ein wunderbarer Zeitvertreib, im Bett zu liegen, wenn man nur einen langen Buntstift hätte, um an der Decke zu malen.« Dieses Zitat erinnert mich an eine Unterrichtsstunde aus meinen frühen Grundschuljahren, als der Lehrer versuchte, uns ein Konzept der Hölle zu vermitteln. Er beschrieb ein Bankett mit einem niedrigen Tisch, beladen mit Süßigkeiten, Leckereien und brennenden Kerzen. Leider sitzen aber die Personen in der Hölle auf extrem hohen Stühlen, außer Reichweite des Tisches, und haben viel zu lange Bestecke in der Hand, um sie in den Mund führen zu können. Eine Szene des Verhungerns, der Qual und der Versuchung. Und was sehen wir im Himmel vor uns? Seltsamerweise die gleichen hohen Stühle, die gleiche Tafel mit den gleichen Köstlichkeiten. Aber es gibt einen entscheidenden Unterschied. Die Personen sind glücklich und zufrieden. Sie halten die gleichen langen Bestecke in den Händen – füttern sich damit gegenseitig quer über den Tisch hinweg und schließen vermutlich Freundschaften. Zwei völlig verschiedene Situationen in der gleichen Szenerie. Nehmen wir nun das Schlafzimmer. Wir brauchen einen Fußboden und irgendeine Art Bett. Das ist schon alles, und doch gibt es unendlich viele Variationen dieses einfachen Themas. Die Einstellung der Menschen zum Schlaf und zum Schlafzimmer entscheidet darüber, wie sie ihre Schlafhöhle gestalten und wie wohl sie sich darin fühlen. Für manche ist das Schlafzimmer eine Zuflucht, für andere ein Ort zum Nachdenken, für wieder andere ein geselliger Raum. In jedem Fall sollte hier aber die Großzügigkeit regieren.

Großzügigkeit kann dabei vielerlei bedeuten. Viel Platz, eine herrliche Aussicht, ein angrenzendes Bad. Das Bett selbst sollte möglichst von drei Seiten zugänglich sein, damit das Ein- und Aussteigen leicht fällt. Im Schlafzimmer geht Aktivität (ins Bett gehen) einer inaktiven Phase (dem Schlaf) voraus. Und dazwischen liegt (hoffentlich) etwas Romantik oder ein gutes Buch. Ich stelle mir Chestertons Bett bequem vor, denn das Malen an der Decke mag eine Metapher sein für den Moment der Muße, für die Auszeit aus dem Alltag, den man nur in einem schön gestalteten Schlafzimmer mit einer gut gefederten (damals noch gestopften) Matratze findet.

Kein Raum ist privater als das Schlafzimmer – nicht einmal das Bad, das hin und wieder von Gästen aufgesucht wird. Darum kann auch die Ausstattung des Schlafzimmers persönlicher sein. Hier werden Bilder und Spiegel in Augenhöhe der Benutzer aufgehängt, statt – wie in anderen Räumen – in durchschnittlicher Augenhöhe. Wer viel Kleidung hat, kann sie hier unterbringen, denn den Platz im Schlafzimmer muss man bestenfalls mit einer Person teilen, mit der man bereitwillig (kleine) Kompromisse eingeht.

Mein Mann ist Designer und behält seine selbst entworfenen Möbel selten länger als eine Woche. Mein Teil des Kompromisses ist, das Kommen und Gehen der Objekte – vor allem im Schlafzimmer – zu akzeptieren. Sein Teil besteht darin, nicht mehr Platz neu zu füllen, als er vorher geräumt hat. Ich schätze seine Entwürfe sehr, und im Schlafzimmer kommen wir einander auch in dieser Hinsicht entgegen. Keiner von uns malt an der Decke, aber wir fühlen uns wohl in dem Wissen, dass Großzügigkeit die Grundlage für Wohlbehagen schafft.

BEISPIEL | 1

Privataussicht

Das Haus des Innenarchitekten John Stedila in Amagansett (Long Island) ist eine ländliche Enklave, in die er sich aus dem quirligen Leben Manhattans zurückzieht. Weil das Haus nur einen Bewohner hat, braucht es keine Trennwände. Flexible Sichtschirme reichen zur Gliederung der Bereiche aus.

Stedila erkannte das »gute Gerüst« des alten Betongebäudes mit Spitzdach, das früher als Feuerwache gedient hatte. Er wollte aber den ortstypischen Stil mit Schindeldach möglichst vermeiden. Das obere Stockwerk, früher ein Lagerraum, wurde komplett abgerissen. Im Wohnbereich ließ er die Decken anheben. Wo früher Tore für die Löschfahrzeuge waren, wurden Glastüren eingebaut.

Das einzige Schlafzimmer blickt auf ein großes, uneinsehbares Gelände neben dem Haus. Auch der angrenzende Duschraum hat eine Tür, die direkt in den Garten führt und fast immer offen steht. Das hinreißende Grundstück bildet den Blickfang dieses Hauses, in dem es keinen Fernseher gibt. Auf Türen zwischen Wohnraum, Schlafzimmer und Bad wurde verzichtet, sodass die behaglichen Räume ineinander übergehen. Wenn Räume so dicht beieinander liegen und man von einem in den anderen sehen kann, sollten sie aufeinander abgestimmt sein. Dieses Schlafzimmer ist ungemein gelungen, obwohl es so schlicht ist. Aus dem Wohnraum fällt der Blick durch die große Glastür bis in den Garten, ohne Ablenkung durch verspielte Details, die sonst so typisch für Schlafräume sind.

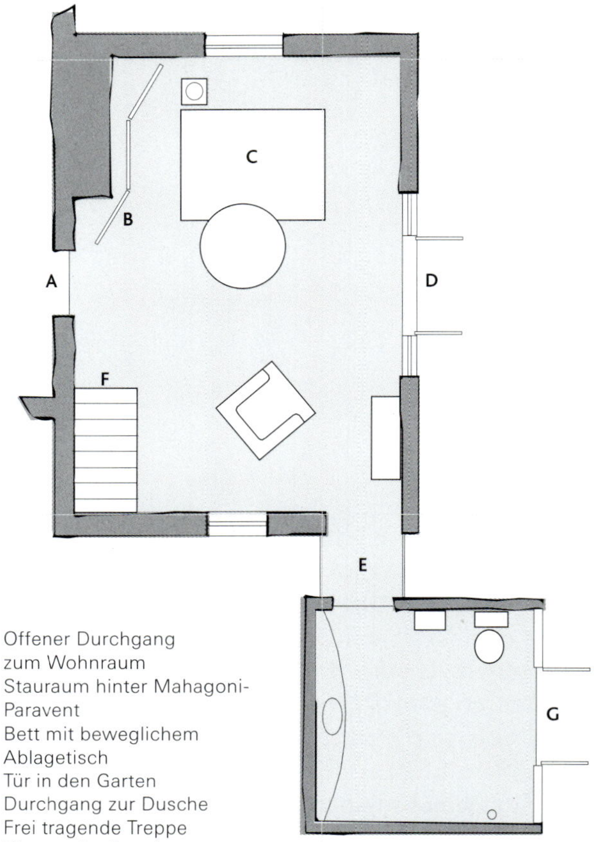

A Offener Durchgang zum Wohnraum
B Stauraum hinter Mahagoni-Paravent
C Bett mit beweglichem Ablagetisch
D Tür in den Garten
E Durchgang zur Dusche
F Frei tragende Treppe
G Tür von der Dusche zum Garten

Rechts Am Bett, hinter dem ein Mahagoni-Paravent steht, ist ein origineller Tisch befestigt. Er dient als Nachttisch und Beistelltisch, kann aber zum Essen und Lesen auch geschwenkt werden. Die edle Holzplatte sieht zu dem Unterbau aus gebürstetem Stahl raffiniert aus. Tisch, Bett und Paravent wirken wie eine Insel im Raum.

Ganz rechts Gegenüber der Glastür führt eine schlichte Treppe aus gebleichtem Holz nach oben in einen kleinen Ankleideraum. Die strengen Formen der Treppe und des zierlichen Schranks wirken fast wie moderne Skulpturen.

Gegenüber Ein französischer Ledersessel aus den 1940er Jahren ist die einzige Sitzgelegenheit im Raum. Sein rustikaler Charakter kontrastiert zu dem Boden aus poliertem Beton. Die Gestaltung der Tür aus Stahl und Glas, ebenfalls im Stil der 1940er Jahre, wiederholt sich im Wohnbereich.

Einfachheit

Die Architektin Sally Mackereth bezeichnet sich selbst als Vertreterin des »Barocken Modernismus«. Sie lebt mit ihrem Mann Julian Vogal in einem ehemaligen Stallgebäude im Londoner Stadtteil Hampstead. Das Haus, das ganz andere Herausforderungen an den Entwurf stellte als ihre üblichen Aufträge, hat sie selbst gestaltet.

Mackereth hat 1995 zusammen mit James Wells die Architekturfirma Wells Mackereth gegründet, die sich vor allem mit der Gestaltung von Restaurants und Geschäften befasst. Bei solchen Aufträgen lassen sich Raum und Licht oft recht leicht manipulieren. In ihrem eigenen Haus musste Mackereth praktisch denken. Dennoch ließ sie Wände versetzen, um Platz und Licht zu gewinnen. Die Böden wurden mit englischen Eichendielen ausgelegt.

Das rechteckige Schlafzimmer im ersten Stock sollte möglichst schlicht bleiben, damit es nicht aufdringlich wirkte. Dennoch wünschten sich die Bewohner einen visuell ansprechenden Schlafraum: nicht allzu minimalistisch oder industriell, sondern mit Materialien ausgestattet, die zum Stil des Hauses passten. Dass der Raum so gelungen ist, liegt an seiner warmen, gut durchdachten Schlichtheit. Er ist aufgeräumt wie eine Schiffskajüte. Der Boden ist frei, auf unnötige Möbel oder Türen wurde verzichtet, eine schmale Ablage wirkt wie ein Horizont. Wo Türen unvermeidlich waren, wurden Platz sparende Schiebetüren verwendet.

Oben Die deckenhohe, weiß lackierte Tür sieht genauso aus wie die Schiebetür rechts, hinter der Bad und Dusche liegen. Schiebetüren sind praktisch für kleine Räume, weil sie kaum auffallen. Interessant sind die Muldengriffe.

Gegenüber und links
Obwohl der Raum nicht sehr groß ist, wurde das Bett mittig aufgestellt, auch um den Zugang zu dem kleinen Balkon frei zu halten. Das niedrige Bett ist unverschnörkelt, wirkt durch die Decke aus Kojotenfell (von Etro) dennoch sehr warm. Ein schmales Regal mit integrierten Schubladen zieht sich quer über die Wand am Kopfende und lässt sie wie eine Nische wirken. Auf dem Regal lehnen seltene Drucke aus dem 20. Jahrhundert, ein weiterer steht auf dem Boden. Die beiden antiken Lampen, ein Hochzeitsgeschenk, knüpfen an die Geschichte des Hauses an.

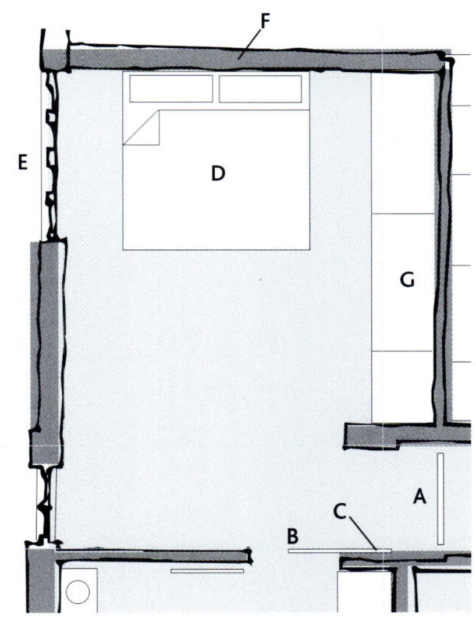

A Durchgang zur Küche
B Schiebetür zu Ankleidebereich und Dusche
C Hohes, schmales Fenster hinter de Schiebetür
D Bett
E Balkontür, nach innen öffnend, mit Rollos
F Frei tragendes Regal über dem Bett
G Einbauschränke

BEISPIEL | 3

Einblicke

Gute Architektur entsteht, wenn eine möglichst attraktive Lösung für ein Problem gefunden werden muss. In dieser Wohnung im alten Marais-Viertel von Paris, deren enge Räume sich hintereinander reihen, musste möglichst viel untergebracht werden.

Amerikaner wundern sich oft, wie wenig Raum man in französischen und anderen europäischen Wohnungen der Körperpflege gibt. Nun sind die Häuser oft alt, und große Wohnungen wurden in mehrere kleine Einheiten unterteilt. Wie oft findet man in Frankreichs Hauptstadt Toiletten, die kaum größer als Besenkammern sind. Kann es also eine bessere Lösung geben als einen Raum im Raum – in diesem Falle einen Duschraum im Schlafzimmer? Ich gebe zu, nicht jeder hat voyeuristische Neigungen, doch auch für diesen Fall lassen sich Lösungen finden.

Oliver Marty und Karl Fournier, zwei junge Mitarbeiter der Pariser Architektur- und Designfirma Kold, öffneten die Räume und entfernten allen Zierrat, der nicht zur Originalausstattung des Hauses gehörte. Sie ließen deckenhohe Türen zwischen den Räumen einbauen und wählten eine neutrale Farbpalette überwiegend in Naturtönen. Die Polyestercrêpe-Vorhänge in Theater-Abmessungen – bodenlang und von Wand zu Wand – zaubern am Fenster schöne Lichtspiele und verstecken auf der anderen Seite all die praktischen Alltagsutensilien wie Kleiderschränke. Die Atmosphäre erinnert eher an ein Hotelzimmer als an ein Zuhause, doch genau das wünschen sich offenbar junge Kunden mit einem Einkommen, das die Beauftragung eines Architekten erlaubt.

Rechts Decken und Kissen sehen selten ganz ordentlich aus. Diese Tagesdecke aus einem ecrufarbenen Wollstoff (von Zimmer und Rohde) mit der raffinierten Eckverschnürung ist eine geschickte Lösung. Der Entwurf stammt von Polybe & Marlet.

Mitte Drei Wände der Duschkabine sind verglast, die vierte besteht, wie der Boden, aus Glasmosaik, das an Zuckerwürfel denken lässt. Dahinter versteckt sich ein Waschplatz mit Regalen und Schubladen über einem praktischen Fußboden aus Teakdielen. Teak ist ein Hartholz, das Feuchtigkeit gut verträgt. Der Sessel stammt von Modénature.

Oben Am Kopfende ist ein Paneel aus heller Eiche angebracht, an dem geradlinige Regale und Schubfächer aufgehängt sind. Die Beleuchtung im Schlafzimmer wird durch Berührungs-Dimmer gesteuert, auf den Konsolen am Bett stehen zusätzlich Leselampen.

A Durchgang zum Wohnraum
B Eichentür
C Eichen-Betthaupt mit Konsolen und Schubfächern
D Bett
E Einbauschränke hinter Vorhängen
F Duschkabine
G Waschtisch
H Teakboden
I Balkontür

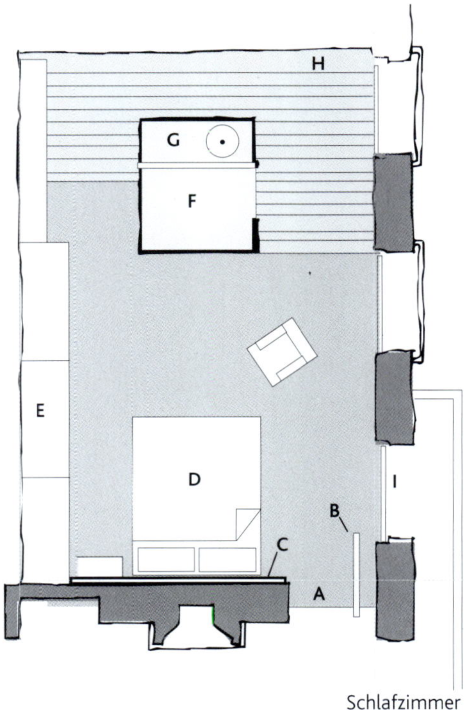

BEISPIEL | 4

Neutrale Ruhe *Der Londoner Modedesigner Jasper Conran wünschte sich eine Wohnung mit Platz für Gäste. Bei der Einrichtung unterstützte ihn die Innenarchitektin Ann Boyd, die ihre Ausbildung an der renommierten St. Martin's School of Art machte und auch in der Modebranche tätig ist.*

Boyds Erkennungszeichen ist die Verwendung von Herren-Konfektionsstoffen, etwa grauem Flanell oder Leinen und Baumwolle in frischem Weiß oder Elfenbein. Diese Wohnung liegt zwar in London, die hellen Farben und feinen Stoffe vermitteln aber eher das Gefühl, man befinde sich in wärmerem Klima. Für die ganze Wohnung wurden nur drei Farbtöne aus der Slate111-Serie der Architectural Colours von Chelsea's Paint Library verwendet. Alle Flächen im Schlafzimmer sind weiß oder zart grau.

Der Raum ist schlicht gestaltet und strahlt Ruhe aus, was Conrans Ansprüchen an sein Schlafzimmer entspricht. Es ist ein hoher Raum mit architektonischen Details aus dem 19. Jahrhundert, in den betont große Möbel gut passen, weil sie Behaglichkeit vermitteln. Hier unterstreichen sie auch die immanente Förmlichkeit des Raums und bilden ein Gegengewicht zu den eher zwanglosen Farben und Texturen. Der Raum dient nicht nur zum Schlafen, sondern auch zum Lesen, Entspannen, Nachdenken – und manchmal zum Plaudern mit engen Freunden.

Oben Einige Möbel, darunter die beiden Walnussholz-Schränke auf hohen, geschwungenen Beinen, wurden nach Maß gebaut. Der marokkanische Intarsientisch setzt einen persönlichen Akzent und lässt, ebenso wie die Holzjalousien, an wärmere Länder denken. Die im Farbton »Baby Weimaraner« eingefärbte Auslegeware stammt von Wool Classics.

A Tür zum Flur
B Eingebaute Bücherregale
C Bett mit Ottomane am Fußende
D Deckenhohe Fenster mit Holzjalousien
E Walnussholz-Schränke
F Kamin mit klassischer Einfassung

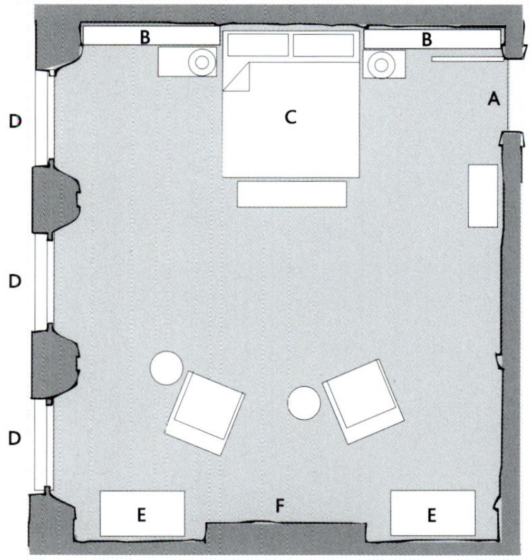

Rechts Das bequem gepolsterte Kopfende des Betts steht in einer Nische, die durch die beiden Bücherregale gebildet wird. Ihre Höhe ist auf das Feld der Täfelung abgestimmt. Ein Bett sollte möglichst mitten vor einer Wand stehen, damit man rundherum gehen kann.

VIONNET
AFRICA
PHOTOGRAPHY
MAN THE ARTIST
ANTONIA FRASER
AFRICAN CEREMONIES

im Bad

Beim Lesen in der Badewanne stieß ich auf ein Gedicht aus dem 17. Jahrhundert von Richard Crawshaw. Bemerkenswert waren darin die folgenden Zeilen: »Zwei wandelnde Wannen, mit Tränen gefüllt; zwei Meere, um sie mit sich zu tragen.« Die Verbindung zwischen Wannen und Tragbarkeit brachte mich ins Grübeln.

Badezimmerdesigner müssen Installationsvorgaben berücksichtigen, darum steht die Entwicklung der Badezimmergestaltung hinter anderen Räumen noch zurück. In Wohn- und Schlafräumen bestimmen Innenarchitekten wenigstens die Position der Steckdosen, die heute immer öfter in Bodennähe zu finden sind, damit keine Kabel die Raumwirkung stören. Hätten Badezimmerdesigner seit jeher auch die Installation gestaltet, gäbe es heute vielleicht bewegliche Sanitärobjekte. Dem Wohnraum tut es gut, wenn man die Möbel gelegentlich umstellt. Auch ein Badezimmer könnte von Veränderbarkeit profitieren: im Sommer die Wanne am Fenster, im Winter an der Heizung. Oder vielleicht zur Abwechslung im Schlafzimmer? Leider ist diese Flexibilität undenkbar. Ein Bad ist fixiert – und nicht nur aus offensichtlichen Gründen.

Im Gegensatz zur Küche ist im Bad eine zentrale Insel weder attraktiv noch sinnvoll, schon weil die verschiedenen Aktivitäten im Bad nicht in einer festen Reihenfolge ablaufen. Im Bad braucht man zudem Spiegel, die an einer Wand am besten aufgehoben sind, wenngleich sie auch an einem Pfeiler gut aussehen können. Ich glaube aber, dass mehr radikale Veränderungen denkbar sind, als wir derzeit für möglich halten. Abgesehen von der Installation geht der Trend beim Waschplatz zum Low-Tech. Obwohl so oft die Rede vom einfachen Konzept mit großer Wirkung ist, denke ich, dass man gerade beim Bad mit einem äußerst durchdachten Konzept beginnen muss. Dieses lässt sich in schlichte Gestaltungselemente übertragen, um große Wirkung zu erzeugen.

Der bestimmende Faktor des Bades ist die Schwerkraft. Wasser fließt immer abwärts, darauf müssen Gefäße auf Bodenhöhe (Wanne) und Taillenhöhe (Waschbecken) eingestellt sein. Theoretisch klingt das einfach, und doch kann vieles schief gehen. In diesem Kapitel werden gut durchdachte Bäder vorgestellt. Da gibt es geräumige, aber nicht wuchtige Wannen, Waschbecken und moderne Tröge, die zugleich wie ein Wasserspiel ihre Umgebung durch leises Tröpfeln beleben. Der freie Blick auf Spiegel wird nicht durch die Möbel am Waschbecken verstellt, und vor allem ist für gutes Licht und Wärme gesorgt. Ein gutes Bad kann teuer sein, aber man sollte sich über Jahre hinweg Tag für Tag darin wohl fühlen können. Nichts, aber auch gar nichts darf die Klarheit seiner Atmosphäre stören.

Weil im Bad zwangsläufig einige Elemente fest eingebaut sind, sollte man die übrige Bodenfläche möglichst frei halten. Schränke für die Accessoires der Körperpflege können frei aufgehängt werden, Regale können sich von Wand zu Wand oder von Schrank zu Schrank spannen.

Weil in modernen Wohnungen das Bad oft minimal gestaltet ist, kommt es vor allem auf die Materialqualität an. Haltbarkeit steht im Vordergrund, kurzlebige Materialien sind unsinnig. Marmor, Schiefer, Stein, Keramik- oder Glasfliesen, Edelstahl und Porzellan sind ideal. Auch Holz eignet sich gut. Zeder duftet bei trockener oder feuchter Wärme wunderbar. Teak und andere tropische Harthölzer vertragen Feuchtigkeit problemlos.

BEISPIEL | 1

Erhaben *In der Nähe der französischen Stadt Lille liegt im Städtchen Roubais der über 500 Quadratmeter große Loft des Innenarchitekten Jean-Marc Vynckier. Es ist der ehemalige Bügelraum einer Färberei. Sein Ziel war natürlich, in dieser nüchternen Umgebung Atmosphäre zu schaffen.*

Oben Die Trennwand hinter der Wanne reicht nicht ganz bis zur Decke. Die Wanne selbst ist in eine Holzplattform eingelassen, die wie ein Möbelstück wirkt. Weil die Holzplattform, die auch als Sitzgelegenheit bei der Wanne dient, die gleiche Länge wie die Wand hat, wirkt das Ensemble sehr harmonisch.

Oben rechts Hinter der Wand mit dem frei tragenden Marmorwaschtisch befindet sich der Bereich mit der Wanne. Die Lampen sind Modelle von Philippe Starck für Artemide.

Die Ausgangsbasis eines Architekten ist eine Einschätzung des Raums und des Lichtpotenzials. Trotz ihrer Großzügigkeit wirkt diese Wohnung keinesfalls protzig. Marokkanischer Tadelak (ein spezieller Gipsputz) lässt Fußböden und Wände lebendig wirken, die Farbpalette könnte von Le Corbusier stammen. Vynckier schätzt moderne Materialien wie Beton, Glas und Aluminium.

Der L-förmige Loft ist weitgehend offen gestaltet. Allein durch das enorme Raumvolumen sowie wenige Trennwände – allerdings ohne Türen – sind dennoch einige private Bereiche entstanden. Im kürzeren Schenkel des L liegen Schlaf- und Badebereich mit einem blau beleuchteten Ankleideraum, der fast wie eine moderne Boutique wirkt. Dahinter liegt das Schlafzimmer, aus dem man wiederum in ein geräumiges Bad mit Dusche gelangt. Es wird vom Schlafbereich nur durch einen bodenlangen Vorhang aus

Der aus einem Marmorblock gehauene Trog mit den Armaturen von Andrée Putman steht wie ein Raumteiler zwischen Schlafbereich und Bad. Die bordeauxroten Vorhänge am Fenster geben diesem Bereich eine intime Atmosphäre.

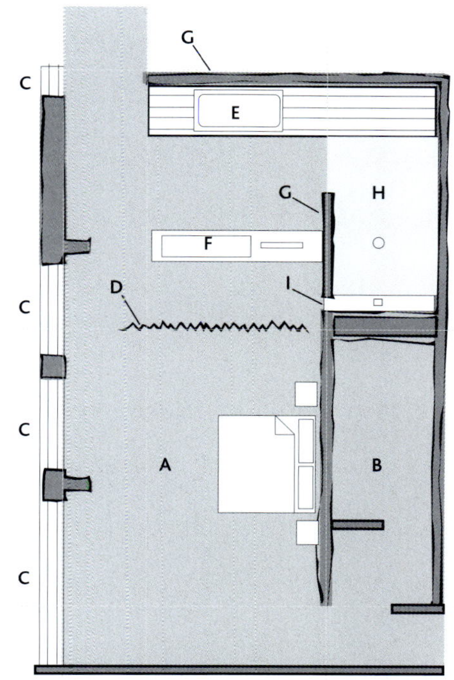

A Schlafzimmer
B Blau beleuchteter Ankleideraum
C Vorhänge am Fenster zum Innenhof
D Vorhang zwischen Bad und Schlafbereich
E Trennwand mit Holzplattform und Wanne
F Trennwand mit Marmorwaschtisch
G Trennwand
H Dusche
I Durchgang zur Dusche

Links Die Wände der Dusche sind mit grau marmorierten Tadelak überzogen, ausgeführt von der belgischen Firma Adilon Coutrai. Aus dem angrenzenden Ankleideraum scheint blaues Licht herüber. Der Duschkopf hat eine stattliche Größe. Der Ablauf in einer Bodenvertiefung ist ebenso elegant wie funktional.

Oben Hinter der Wand liegt der Ankleidebereich, der an die Dusche grenzt. Zieht man den Vorhang beiseite, sieht man den eleganten Marmorwaschtisch, hinter dem sich die Badewanne befindet.

Fallschirmseide abgetrennt. Zwei Durchgänge (ohne Türen) führen vom Gang hinter dem Schlafzimmer zu weiteren Schlafräumen. Die Trennwände reichen nicht bis zur Decke und wirken so, als würden sie schweben. Dadurch wird die horizontale Ausrichtung des Gebäudes noch stärker betont.

Ein Badezimmerelement, das in den letzten Jahren intensiv weiterentwickelt wurde, ist die Dusche. Sie soll kraftvoll, aber angenehm sein, der Duschkopf groß, das Raumangebot großzügig. Diese Dusche hat zwei Eingänge. Der zweite Durchgang am Ende der Dusche ist letztlich ein architektonischer Kunstgriff, um den Bereich offener zu gestalten, sodass er nicht wie eine Zelle wirkt.

Das Geheimnis dieses Bades liegt in seiner Größe. Es ist geräumig und offen, aber nicht kahl. Viel zu oft sind Badezimmer zu klein, weil man den Raum anderen, vermeintlich wichtigeren Räumen opfert. Diese Duschkabine ist groß genug für sechs Personen – und luxuriös für einen oder zwei Benutzer. Hier kann Körperpflege zum geselligen Vergnügen werden, fast wie im antiken Rom.

BEISPIEL 2

Marmor modern

Der in Paris lebende Designer Frédéric Méchiche ist bekannt für die Kreativität, mit der er primitive und moderne Elemente mischt. In der Wohnung von Joël Robuchon in Paris hat Méchiche ein sehr modernes Ambiente geschaffen.

In dem Gebäude aus den 1950er Jahren ist eine zweistöckige Wohnung entstanden, die sich zu mehreren Terrassen hin öffnet. Das offene Konzept ist maßgeschneidert für den Bewohner, der gern zu Hause bleibt, kocht und Gäste empfängt. Das relativ kleine Bad ist funktionell und für einen Benutzer, der schöne Dinge liebt, wie geschaffen. Der größte Reiz des Bades ist die Aussicht. Die Spiegel sind so ausgerichtet, dass man beim entspannten Liegen in der Wanne in ihnen den Eiffelturm sieht. Méchiche, der seine Kindheit in Algerien und der Schweiz verbrachte, gibt zu ein Perfektionist zu sein und bezeichnet dieses Bad als »modernen Luxus«. Überall sieht man Carrara-Marmor in einem zarten Cremegrün, das wärmer als typisches Marmorweiß wirkt. Marmor gilt als kalt, ist aber ideal fürs Bad. Er erwärmt sich langsam, speichert aber dann die Wärme lange.

Oben Die kreuzförmigen Ventile namens »Tara« stammen von Dornbracht. Sie sind beliebt und lassen sich mit nassen Händen jeder Größe leicht bedienen. Der Bogen des Wasserhahns wirkt elegant, aber nicht überzogen.

Ganz links Die Fliesen sind von Hand aus Carrara-Marmor geschnitten, für den Fries im oberen Wandbereich und am Boden wurde grün-schwarzer Marmor verwendet. Auch der Waschtisch und die Abdeckung der Badewanne bestehen aus Marmor. Beiderseits des Waschbeckens »verschwinden« Einbauschränke in der gefliesten Wand.

Links Die Spiegel mit Chromrahmen wurden, ebenso wie die Lampen, die sanftes, aber funktionales Licht werfen, von Méchiche entworfen. Das Milchglas streut das Licht, sodass das Gesicht des Benutzers nie zu grell oder zu schwach beleuchtet ist.

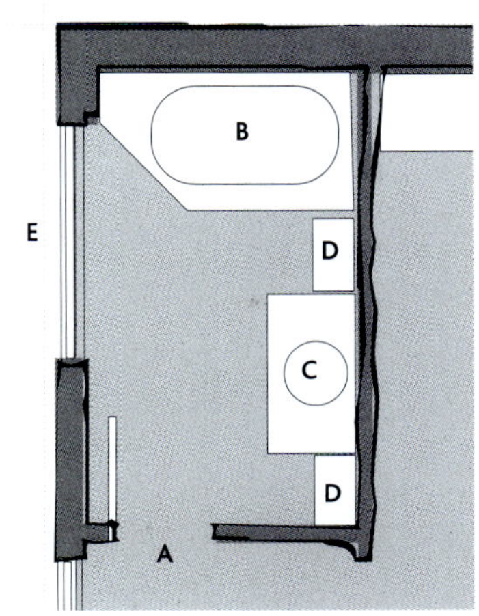

A Tür zum Flur
B Marmorwanne
C Marmorwaschtisch
D Einbauschränke mit Spiegelfronten in gefliesten Wänden
E Fenster mit Klarglas

BEISPIEL | 3

Urbane Logik

Der belgische Architekt François Marcq hat diese Wohnung für einen Geschäftsmann gestaltet, der ein geordnetes Leben schätzt. Sie liegt passenderweise am Quai d'Industrie und ist ein Beispiel für gelungene, moderne Innenarchitektur: funktional und attraktiv, aber nicht überzogen.

Rechts In dem umgebauten und renovierten Loft nimmt die Wanne einen besonderen Platz ein: sie schwebt auf einer Galerie mit Blick auf den Wohnbereich. Der Boden und die Verkleidung der Wanne bestehen aus lasierter Eiche.

Ganz rechts Die Galerie mit dem Bad liegt, gehalten von Doppel-T-Trägern, genau über der Küche. Über Stahlbrücken gelangt man ins Schlafzimmer, das ebenfalls auf der Galerie über dem Wohnbereich untergebracht ist. Für Symmetrie im Bad sorgen zwei gemauerte Nischen. In einer befindet sich eine Dusche mit 10 x 10 cm großen Fliesen in Grau.

Rückblickend könnte man die 1980er Jahre als Phase intensiver Experimente in der modernen Architektur betrachten. Von den letzten Zügen der »Postmoderne« bis zur gequält wirkenden Dekonstruktion schlug die Architektur alle nur denkbaren Richtungen ein. Als dann in aller Welt, von Kalifornien bis Japan, die Immobilienmärkte einbrachen, schwang das Pendel zurück, Euphorie schlug in Zweifel um.

In der Architektur waren Sicherheit und Nüchternheit wieder gefragt, in Holland beispielsweise erfuhren die geometrischen Betonbauten von Weil Arets und Ben van Berkel große Wertschätzung. Gegen Ende der 1990er Jahre erwarb sich auch das reduzierte belgische Design auf der internationalen Bühne einige Anerkennung. Heute besteht die Herausforderung darin, bestehende Gebäude zu renovieren oder eine neue Generation

Diese Seite Sorgfalt bei der Wahl der Accessoires zahlt sich aus. Die Waschschüsseln stammen von Duravit, die Armaturen von Philippe Starck. Sein Markenzeichen, die länglichrunde Form, ist hier in den Griffen zu finden. Der Eichenwaschtisch nimmt der Kombination aus Porzellan und Stahl die optische Härte.

Gegenüber Der große Spiegel hinter den Waschschüsseln dient auch dazu, Licht zu reflektieren. Wände und Decke sind mit schneeweißer Dispersionsfarbe gestrichen. Die eingebaute Beleuchtung stammt von Modular.

von Häusern zu gestalten, die sich durch sachlichen Funktionalismus auszeichnen. Für manche Designer bedeutet das, an den fast brutalen Modernismus der 1950er Jahre anzuknüpfen. Allerdings ist der aktuelle Zeitgeist vom Nachkriegsoptimismus weit entfernt. Architektur und Design haben sich dem Trend des »downsizing« verschrieben. Eine neue Sparsamkeit verlangt, dass alte Gebäude häufiger renoviert und umgebaut werden. Bescheidenheit ist zu einer Grundidee der zeitgemäßen Baukultur geworden, doch einige der jüngeren Architekten verstehen es, diese vermeintlichen Beschränkungen in Vorzüge zu verwandeln.

Einer von ihnen ist der belgische Architekt François Marcq, der zeitgemäßes Bauen und Bescheidenheit in Einklang bringt. In einem Gebäude, das um die Wende von den 1950er zu den 1960er Jahren entstand, hat er für einen Klienten eine Wohnung gestaltet. Die Wohnung bietet Zuflucht vor der Großstadtunruhe und wirkt dennoch durch und durch urban. Sie ist luftig und geräumig, dabei ruhig, praktisch und mit überzeugender Logik eingerichtet. Die Materialwahl reflektiert die Natur (durch Holz) und die Stadt (durch Stahl) gleichermaßen. Nirgends wird dieser Kontrast deutlicher als im Bad, dessen Gestaltung beweist, dass man auch mit normalem Budget ein attraktives und bewohnbares Konzept verwirklichen kann.

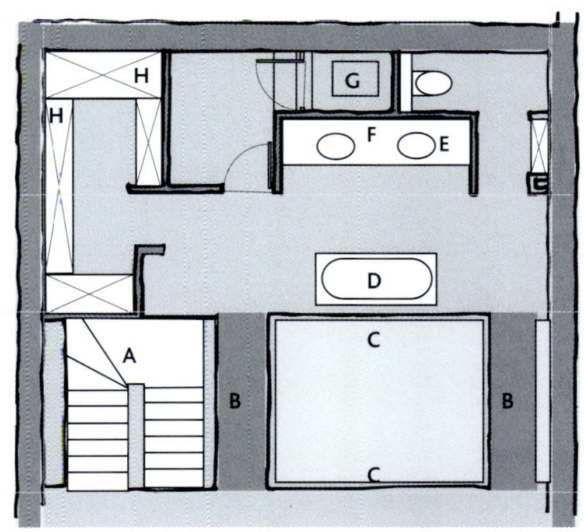

A Treppe vom Wohnbereich zum Schlafbereich
B Brücke aus geriffelten Stahlplatten vom Schlafbereich zum Bad
C Sicherheitsbrüstung aus Stahl
D Wanne mit Eichenverkleidung
E Doppelwaschtisch
F Großer Spiegel
G Duschkabine mit grauen Fliesen
H Einbaukleiderschränke

Ich habe schon viele Wohnungen besucht, doch hier habe ich zum ersten Mal Spiegel gesehen, die hinter bündig mit der Wand abschließenden Türen liegen. Dieser Kunstgriff manipuliert die Wahrnehmung des Raums. Der Blick wird nicht vom eigenen Spiegelbild eingefangen, sondern von der Längswand zum Fenster geführt, das den eigentlichen Blickfang bildet. In den Lehren der Karmeliterinnen ist von Tacitus die Rede, der einen Altar fand – ganz ohne jeglichen Schmuck, *tantum ara et reverentia.* So ist auch dieses Bad, vielleicht erinnerte es mich darum an das Kloster in der Bretagne.

Nahtlos

Bei Dinan in der Bretagne liegt die Abbaye de Boquen, deren Gärten Proust als »den stillsten Ort der Erde« beschrieb. Das Kloster mit dem schlichten, symmetrischen Bau ist innen und außen weiß gestrichen. Bewohnt wird es von Karmeliterinnen in rohweißer Tracht, die ein Schweigegelübde abgelegt haben und ihre Gebete singen.

Die Klosterfenster bestehen nicht aus Buntglas, streuen das Licht aber in faszinierender Weise. Den Grund erkennt man erst auf den zweiten Blick: Bei der Produktion wurden feinste Leinenfasern in das Glas integriert und bilden eine eingebettete, durchscheinende Matte. In diesem Flachsanbaugebiet ist dies eine natürliche und zugleich perfekte Möglichkeit, schöne Lichtspiele in die Räume zu holen. Ein Spaziergang durch das Kloster wirkt wie eine umfassende Reinigung. Übrigens verkaufen die Nonnen auch selbst hergestellte Körperpflegemittel ohne synthetische Zusätze.

Als ich in dieses Bad kam, das Vincent van Duysen für seinen Auftraggeber in Brüssel gestaltet hat (siehe auch Seite 36–37 und 52–53), fühlte ich mich an den stillen Orden der Karmeliterinnen erinnert. Das Bad strahlt Perfektion aus, fast wie eine Kathedrale. Das Licht verändert sich im Lauf des Tages. Abends ist es wegen des Nordfensters kühl, beinahe bläulich. Der große, längliche Raum scheint nur aus Licht und Wanne zu bestehen. Diese Wanne wirkt durch ihre Präsenz fast wie ein Altar.

Oben Badezimmerarmaturen werden immer raffinierter, die Mechanik immer sorgfältiger versteckt. Weiter kann man einen Wasserhahn nicht reduzieren. Die Ventile sind zum Regulieren der Wassertemperatur nötig.

Links Die frei stehende Wanne besticht durch ihre elementare Schlichtheit. An einer ganzen Längswand wurde ein Unterschrankelement mit zwei länglichen Marmorwaschbecken eingebaut – eins für sie, eins für ihn. Böden und Wände in der ganzen Wohnung bestehen aus schneeweißem, kaum geädertem Carrara-Marmor.

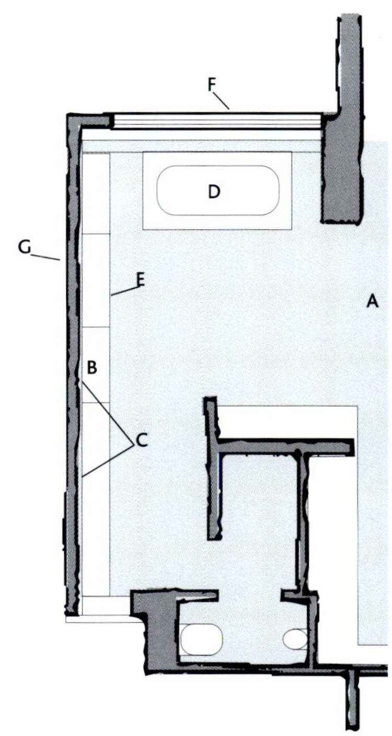

A Durchgang zum Ankleidebereich
B Längliche Marmorwaschbecken
C Spiegel hinter Türen
D Frei stehende Marmorwanne
E Hellgrau lackierte Holzschränke
F Elektronische Jalousien
G Marmorwände

BEISPIEL | 5

Solide *Susanna Colleonis Bad in Mailand besticht durch die solide Ausstrahlung seiner Texturen, vor allem durch die Verkleidung einer Wand mit schmalen Marmorstreifen. In dem eleganten Raum überzeugt die Anordnung der Elemente ebenso wie die Materialwahl.*

Ich erinnere mich an das erste Bauwerk, das mich tief beeindruckte. Beim Blick in den Swimmingpool von Freunden entdeckte ich, dass die Innenwände aus aufeinander geschichteten, fast einen Meter breiten Schieferplatten bestanden – rings um den Pool und bis zu seinem Grund. Für einen Meter Poolwand dürften etwa 20 Schieferplatten nötig gewesen sein. Einen edleren Swimmingpool habe ich nie gesehen. Die nahezu schwarzen Innenwände schimmern im Sonnenlicht und strahlen gleichzeitig Extravaganz, Solidität und Langlebigkeit aus.

Mit ähnlichem Interesse habe ich Susanna Colleonis Bad in Mailand betrachtet (siehe auch Seite 20–23), weil mich die Gestaltung einer der Wände an das Schiefermuster des Pools in Long Island erinnerte. Die Wand hinter der Wanne ist mit handgebrochenen Marmorstreifen verkleidet – eine Idee, die sich an die Felsen-Therme im schweizerischen Vals anlehnt. Zwar ist nur eine Wand verkleidet, doch der Spiegel auf der angrenzenden

Rechts und ganz rechts
Alle Badezimmerelemente, darunter die Wengéplatte mit der Waschschüssel, stammen von Boffi. Die Wanne ist in ein Podest aus hellem Holz eingelassen, das die Breite einer ganzen Wand einnimmt. Die Wand hinter der Wanne ist mit Marmorstreifen verkleidet, deren raue Textur den Eindruck vermittelt, als bestünde sie aus aufeinander geschichteten Marmorplatten. Sicherlich eine Herausforderung für den Fliesenleger – aber eine lohnende.

Wand reflektiert das Muster. Diese Streifen akzentuieren die horizontale Ausrichtung des Bades, die derzeit der vertikalen vorgezogen wird. Übliche Fliesen dagegen hätten die Senkrechte betont.

Erst auf den zweiten Blick wird man sich der Sorgfalt zum Detail in diesem Bad bewusst. Der Holzboden mit der Marmoreinfassung hat durch den wasserfesten Lack einen seidigen Schimmer. In der Dusche wurde ein stärker strukturierter Boden verwendet. Das frei tragende Bord aus dunklem Wengé bildet zu den verschiedenen Cremetönen einen spannungsvollen Kontrast. Die Armaturen sind an der Wand befestigt, Rohre geschickt versteckt – man möchte meinen, das Wasser käme direkt aus der Wand. So ein Bad könnte ich mir auch in meiner eigenen Wohnung vorstellen.

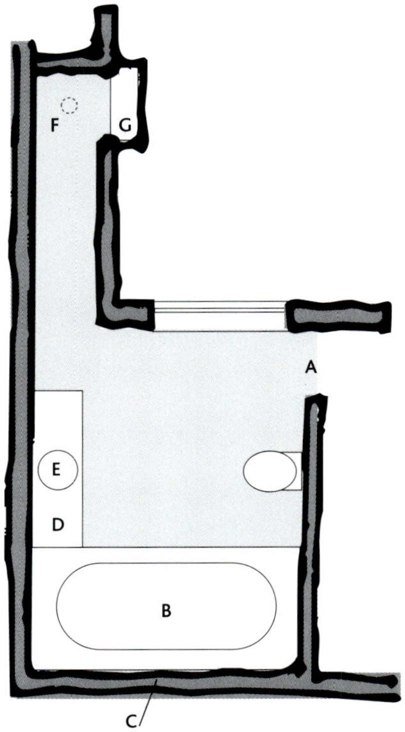

A Durchgang zum Schlafzimmer
B Podest mit Wanne
C Wandverkleidung aus handgebrochenen Marmorstreifen
D Frei tragende Wengéplatte
E Steinwaschschüssel
F Dusche
G Sitz in der Duschnische

Oben Es scheint, als sei die große Steinschale in die dunkle Holzplatte eingelassen. Tatsächlich ist die untere Rundung aber nur ein kosmetischer Trick zum Verstecken des Abflusses. Aus diesem Blickwinkel scheint der Boden der Schale rund, von oben sieht man aber, dass er flach ist.

Rechts In der kleinen Dusche ohne Tür setzt sich das Thema Naturstein fort. Der Duschkopf ist an der Decke montiert, die Rohre sind diskret versteckt.

FUNKTION IM DETAIL

Oberflächen

Die Oberflächen von Fußböden, Wänden und Möbeln bestimmen den Charakter moderner Wohnungen. Eine attraktive und langlebige Gestaltung wird nicht mehr mit Zierleisten, Täfelungen und Putzmalereien gleich gesetzt. Moderne Architekten und Raumgestalter bevorzugen schlichte Konzepte. Generell stimme ich ihnen zu, allerdings meine ich, dass dekorative Details ihre Berechtigung haben, wenn sie die Raumatmosphäre unterstreichen oder einem unspezifischen Raum einen Blickfang geben. Stuck, einfachere Verputztechniken und Beton können sehr modern aussehen, selbst Schattenfugen können zum dekorativen Element werden. Das heißt aber nicht, dass Wände mit Tapeten, Effektanstrichen oder Textilbespannungen einem modernen Wohnstil widersprechen. Im Gegenteil, bei geschicktem Einsatz können sie im 21. Jahrhundert moderner aussehen als die oben erwähnten Materialien, die seit der Blüte des Modernismus in den 1950er Jahren verwendet werden.

Die gewählten Oberflächen können einerseits beträchtliche Auswirkungen auf das Alltagsleben haben und verraten andererseits etwas über ihren Besitzer. Das lässt sich an der Geschichte zweier Häuser gut verdeutlichen.

Mies van der Rohes Farnsworth House (1945–51) steht auf einer Wiese am Fox River bei Chicago. Es wurde für Dr. Edith Farnsworth gebaut, eine unverheiratete, finanziell abgesicherte Nephrologin, und verkörpert das Credo des Architekten: »Weniger ist mehr.« Acht schlanke Säulen aus weiß lackiertem Stahl tragen einen rechteckigen, transparenten Glasquader, zwei horizontale Ebenen aus glatten Stahlflächen bilden Boden und Decke und scheinen über der Erde zu schweben. Darin befindet sich ein einziger, großer Raum, gegliedert durch einen frei stehenden Holzkern mit zwei Bädern, einer Küchenzeile und einem Kamin. Ansonsten gehen die Wohnbereiche offen ineinander über.

Bei der Planung sagte Mies van der Rohe: »... hier, wo es so schön ist und man fremde Blicke nicht fürchten muss, wäre es ein Jammer, undurchsichtige Wände zwischen Haus und Außenwelt zu stellen ... Würden wir in der Stadt oder einem Vorort bauen, ... würde ich opake Außenwände wählen und durch einen Innenhof in der Mitte Licht ins Haus holen.« Er hatte die Rechnung ohne die Bewohnerin gemacht. Sie stellte antike Stühle im Essbereich auf und postierte chinesische Drachenhunde auf der Terrasse, doch die Nachbarn fanden, der Bau sehe aus »wie ein Tuberkulose-Sanatorium«. In den 1970er Jahren zog sie aus, weil sie genug davon hatte, als exotische Nonkonformistin bestaunt zu werden.

Philip Johnson ließ sich vom Farnsworth House inspirieren und baute 1949 ein Glashaus in New Canaan, Connecticut. Das Erdgeschoss liegt auf Erdniveau und wird durch die Hügellandschaft abgeschirmt. Johnsons gestalterische Ausdrucksweise ist interessant. Der zylindrische Ziegelschornstein knüpft an traditionell amerikanische Wohnhäuser an, der Fußboden ist diagonal im »Backsteinmuster« gestaltet, doch damit hört die Anpassung auch auf. Vom Glashaus führt ein Weg zu einem fensterlosen Bunker, dem »Gästehaus«, das wie eine wehrhafte Festung der Intimität wirkt. Der krasse Kontrast zwischen den beiden Gebäuden wirkt wie ein Lehrstück über die offenen und versteckten Aspekte des häuslichen Lebens.

1993 wurde Johnson gefragt, ob das Glashaus »eine Art von Exhibitionismus« sei. Er antwortete, dass es ihm hauptsächlich um »die Schnittstelle der Architektur mit der Außenwelt« gegangen sei. »Ob man sich verstecken oder sich exponieren möchte – Freud hätte zu beiden Verhaltensweisen etwas zu sagen gehabt.« Daraus wiederum folgt, dass Oberflächen – ob massiv oder transparent – viel mehr als nur ein Hintergrund sind.

Wände

Das Errichten von Wänden verlangt Überlegung – nicht nur im Hinblick auf ihren Stil, sondern auch bezüglich ihrer Rolle für die häusliche Infrastruktur. Der japanische Autor und Architekturkritiker Toshio Nakamura erklärt, die Konstruktion müsse »von der Planung bis zur Detailverarbeitung konsistent und kohärent sein und auf die hierarchische und logische Abfolge des Vorgangs abgestimmt sein«, andernfalls sei das Ergebnis »nur ein halbherziges Abbild, ein unbeständiges Bauelement und eine auffallende Isolierung von Details«.

Nach der Entscheidung über den Bau einer Mauer folgt die Frage des Materials. Ziegel-, Beton- oder Holzwände werden durch ihre Oberflächen charakterisiert, Glas durch seine relative Unsichtbarkeit. Glas ist ein interessantes Material, weil es die Rolle von Wänden neu definiert. Es reflektiert und ist zugleich transparent, schafft eine physische Grenze zwischen Innen- und Außenraum ohne jedoch ein Gefühl von Ab- oder Ausgrenzung zu vermitteln. Glaswände definieren Räume, schotten aber nicht ab. Sie lösen die traditionelle Auffassung auf, dass Architektur aus Innen- und Außenraum besteht, Innen- und Außenansicht bietet.

Moderne Architekten verzichten häufig auf Innenwände, um ineinander übergehende Wohnbereiche zu gewinnen. Weite Räume ohne störende Wände oder einengende, vorgeschriebene Durchgänge sind en vogue. Tragende Mauern werden durch Stahlträger ersetzt, die sich durch die Decken ziehen. Diese Öffnung der Wohnräume hat dazu geführt, dass man bei der Aufteilung der verschiedenen Bereiche neue Wege finden musste, ohne jedoch die gewonnene Flexibilität einzubüßen. Möglicherweise werden die Häuser der Zukunft nur aus Trägerkonstruktionen und flexiblen »Membranen« bestehen, die man nach individuellem Bedarf einschieben oder entfernen kann.

Trennwände

Mit modernen Stahlträgern, die lange Strecken ohne zusätzliche Stütze überbrücken, kann man heute Wände fast nach Gutdünken errichten oder entfernen und so die vierte Dimension der Architektur – das Licht – maximal ausnutzen. Licht hellt Wände auf und lässt sie weniger massiv erscheinen.

Auch der Einsatz von Glas hat sich verändert, seitdem modernste Produkte erhältlich sind, die auf Schalterdruck transparent oder undurchsichtig werden. Andererseits hat in einigen Ländern Pergament als Material für lichtdurchlässige Wände eine lange Tradition.

Der japanische Architekt Tadao Ando hat sogar eine Variation der Shoji (traditionelle Schiebewände oder -türen aus dunklen Holzrahmen mit Pergamentbespannung) aus gegossenem Beton entwickelt – nackter Beton mit Löchern, in denen sich das Sonnenlicht fängt.

Gegenüber und vorige Seite Glas verbindet in diesem Haus in Bel Air Innen- und Außenraum. Das Spiel mit den Grenzen wird durch massive Wände fortgeführt, die durch die Glasscheibe in den Raum ragen, als dränge der Außenbereich ins Innere.

Diese Seite, oben links In diesem Bad in London vergrößert die komplett verspiegelte, teilweise bewegliche Wand den Raum optisch. Sie fängt viel Licht ein und bildet einen Hintergrund für die Steinplatte mit der Waschschale. Solche »schwebenden« Wände gliedern Räume und können gleichzeitig sehr dekorativ sein.

Oben rechts In diesem Haus bei Hollywood dienen Shoji-Wandschirme im japanischen Stil als Schiebetüren vor einem Einbauschrank, den man auch für eine Wand halten könnte.

Unten links Die Flucht aus Diele, Küche und Essplatz in dieser Mailänder Wohnung wird durch deckenhohe Glastüren diskret gegliedert. Die Türen lassen Licht durch die Räume fluten und stören weder die Blickachse noch den Eindruck fließender Übergänge zwischen den Bereichen.

Unten rechts In dieser schlicht weißen Wohnung in Manhattan wurden zwei Wände zwischen Ess- und Wohnbereich eingezogen, um Platz für eine kleine Küchenzeile zu schaffen. Alle Wände sind mit der gleichen matt-weißen Farbe gestrichen.

Links In diesem ausgebauten belgischen Bauernhaus ist ein Großteil der alten Bausubstanz erhalten geblieben. Zusätzlich eingebaute Treppen und Galerien eröffnen neue Ebenen, für Sicherheit sorgen Drahtseile, die an den alten Mauern und Balken verankert sind.

Rechts oben Auf der anderen Seite des Bauernhauses sieht man eine Mauer aus unverputzten Feldsteinen, vor der eine moderne Treppe nach oben führt. Älteres Sichtmauerwerk muss eventuell neu verfugt werden, wenn der Mörtel nicht mehr fest ist. Neue Ziegel- und Natursteinwände ziehen weniger Staub an, wenn man sie klar lackiert.

Rechts unten Diese umgebaute Scheune aus dem 19. Jahrhundert steht in East Anglia. Um den offenen Wohnbereich von den Schlafräumen abzugrenzen, ließ Architekt Anthony Hudson eine Innenwand aus behauenem Flintstein errichten, der im Umkreis von 5 Kilometern zu finden ist. Durch Glasstreifen fällt helles Tageslicht.

Gegenüber Ein unkonventioneller Raum mit östlichen und westlichen Elementen. Die roten Sessel zeigen chinesischen Einfluss, der Hocker stammt von Mies van der Rohe. Die Wände folgen zweifelsfrei japanischem Vorbild – gelochte Betonplatten sind das Markenzeichen des japanischen Architekten Tadao Ando, wenngleich er das Konzept von Gussbetonwänden in Wohnräumen nicht erfunden hat.

Nackte Wände

Seit über 5 000 Jahren bauen die Menschen mit Ziegelsteinen, die widerstandsfähig gegen Feuer, Verrottung und Witterung sind. Naturstein muss mühevoll behauen werden, einen Ziegel dagegen kann man in einer Hand halten und hat die andere für die Kelle frei. Ziegel haben Charakter. Man sieht sie überall, von den Schornsteinen in Hampton Court bei London bis zur Apsis der Kirche von Santa Fosca in Venedig. Der Architekt Mario Botta schätzt auch ihren modernen Einsatz, etwa im Museum für moderne Kunst in San Francisco. Wer Ziegel, Naturstein oder Beton offen zeigt, bekennt sich zu den Wurzeln seines Hauses – in Bezug auf den Standort oder die Funktion. In einem Bauernhaus auf dem Land könnte man Naturstein aus einem örtlichen Steinbruch finden, Backstein oder Beton passen gut zu einem Industrieambiente. Porenbetonblöcke finde ich in Wohnräumen unpassend. Sichtbarer Beton, Ziegel oder Naturstein dagegen gefallen mir und ich vermute, alle drei werden sich in modernen Wohnungen weiter durchsetzen.

Täfelung

Mit Holz getäfelte Wände sind bei Anhängern traditioneller und moderner Stile gleichermaßen beliebt. Holz ist prächtig und dennoch dezent. Eichenpaneele erzählen von Substanz und Geschichte. In normalen Wohnungen findet man selten Hartholz. Weichholz ist zwar nicht ganz so edel, wird aber gern für Deckentäfelungen und halbhohe Wandverkleidungen verwendet.

Typ und Ausstrahlung des verwendeten Holzes spiegeln den Stil der Zeit. Das von Greene und Greene um 1907 errichtete David B. Gamble House in Pasadena (Kalifornien) war mit Teak getäfelt. Die Villa Muller mit Flachdach, 1928–30 von Adolf Loos in Prag erbaut, zeigt Nadelholztäfelungen, ebenso das Penthouse des russischen Emigranten Berthold Lubetkin in Highpoint 2 nördlich von London. Die noch recht junge Neue Gemäldegalerie in Berlin-Tiergarten, 1992–98 von Hilmer & Sattler gestaltet, und Jil Sanders Geschäft in Tokio (Elisabeth Boesch und Martin Boesch) kleiden sich wiederum in Eiche. Holz kommt scheinbar nie aus der Mode.

Die Wirkung kann ganz unterschiedlich sein. Helle Hölzer wie Bergahorn sehen ganz anders aus als Eichen-Profilbretter. Größere, glatte Wand- und Deckenpaneele kann man einsetzen, um die Raumproportionen zu beeinflussen. Das Unternehmen Poliform bietet attraktive, Wand füllende Einbaumöbel aus Massiv- und Furnierholz an.

Zur Wandverkleidung eignen sich auch andere Materialien, etwa Marmor, Metall, Naturstein, Travertin, Verputz und viele mehr. Metall sollte man allerdings nur sparsam einsetzen.

Gegenüber, oben links Große Sperrholzplatten können, je nach Oberflächenbehandlung, auch wie verwitterte Zypresse oder wurmstichiges Kastanienholz aussehen. Eric Gizard hat für sein Schlafzimmer in Paris eine ausdrucksvolle Maserung gewählt.

Gegenüber, oben rechts In Mark Rios Schlafzimmer in Bel Air (Kalifornien) bildet eine Wand aus gestrichenen Profilbrettern den Blickfang. Wären mehr Wände getäfelt, könnte der Raum beengt wirken.

Gegenüber unten In Brüssel ist eine ganze Wohnung mit Marmor verkleidet, was die Mittel durchschnittlicher Haushalte natürlich übersteigt. Durch die »Schattenfuge« wirken die Platten leichter und der Raum in stillem Weiß bekommt klarere Konturen.

Oben links In dieser Pariser Wohnung scheinen die Wandtäfelungen aus heller Eiche und die (wunderbar leicht schwingende) Massivholztür nahtlos ineinander überzugehen. Vor der recht modernen Wand hebt sich der antike Kaminumbau besonders interessant ab.

Oben Die Klienten der Architekten Shelton & Mindel haben die Bretter für ihre Täfelung persönlich ausgesucht, weil sie Wert auf maximale Einheitlichkeit in Farbton und Maserung legten. Das Ergebnis ist hinreißend – zugleich poetisch und prosaisch.

Links Die Wandverkleidung bestimmt die Raumstimmung. Jasper Conrans Bad erhält durch die taubengrau lackierten Profilbretter einen nobel-ländlichen New-Hampton-Chic, der wegen seiner schlichten, luxuriösen Ausstrahlung überall stimmig wirkt.

Fliesen

Schon um 5000 v.Chr. verwendeten die alten Ägypter Fliesen in ihren Pharaonengräbern. Auch römische Mosaiken bestehen aus Fliesen. Um 1100 wurden in vielen europäischen Ländern Fliesen hergestellt – zu hohen Preisen und meist für kirchliche Auftraggeber. In heißen Ländern sind Fliesen unverzichtbar. Im alten und modernen Nordafrika sieht man sie überall, aber auch in Spanien, Portugal und Italien.

In gemäßigten Regionen sind Fliesen hauptsächlich in Bad und Küche üblich, wenngleich es für die Küche ausgezeichnete Alternativen gibt. Die Fliesen lassen sich im Bad leichter sauber halten als in der Küche, in der mit Fetten gearbeitet wird. Spiegel- und Glasplatten sowie Naturstein haben gegenüber Keramikfliesen den Vorteil, durabler zu sein. Wo große Stein- oder Schieferplatten unpraktisch wären, sind kleinere Natursteinfliesen eine gute Alternative.

Eine geflieste Wand kann in einem modernen Raum ausreichen. Drei sehen spektakulär aus, wenn die vierte eine kontrastierende Textur aufweist. Schiefer und Naturstein zeigen natürliche Abweichungen der Farbtöne, die reizvoll aussehen können. Ganz anders verhält es sich bei Keramikfliesen, bei denen Farbabweichungen »misslungen« wirken. Die Auswahl erfordert Sorgfalt, denn Fliesen sind im Gegensatz zu einem Anstrich aufwändig zu erneuern.

Ganz links, oben Keramikfliesen gibt es mit verschiedensten Farben, Glasuren, Mustern und Texturen. Ich bevorzuge glänzende bis glasig schimmernde Typen.

Ganz links, unten Diese handgeschnittenen Fliesen aus Carrara-Marmor sind robust und unempfindlich gegen Flecken. Echter Marmor ist optimal, Kompositmaterialien aus Kunstharz und Marmorchips sind jedoch preiswerter. Kleine Marmorfliesen sollten allerdings aus echtem Marmor bestehen und von Hand hergestellt sein.

Oben Die Wand zwischen Dusche und restlichem Bad besteht aus halbtransparenten Glasbausteinen, die zwar nicht mehr unbedingt en vogue sind, aber bei geschicktem Einsatz die Vorteile von Sichtschutz und Lichtdurchlässigkeit auf sich vereinen.

Rechts Stein ist wasserfest und leicht zu reinigen. Hier kontrastieren große blaugraue Schieferplatten aus Indien mit den kleineren, mehrfarbigen Mosaikfliesen. Schiefer ist ein dichtes, porenfreies Material, das in rechteckigen und quadratischen Platten gut aussieht.

Rechts Ein matter Wandanstrich in dunklem Schwärzlich-Grün in einer Pariser Wohnung. Im Europa des 18. Jahrhunderts waren Grautöne in Mode. Im Viktorianischen Zeitalter bevorzugte man dunklere Töne wie Violett, Taupe und Braun. Später folgten Pastelltöne, dann Bonbonfarben und schließlich konfliktscheues Beige. Wer Mut hat, setzt dunkle Farben ein, um intensive Stimmung zu erzeugen. Dunkle Räume sehen klein, aber interessant aus. Meine Devise ist, kleine Räume dunkel zu gestalten und große atmen zu lassen.

Gegenüber, oben links Den Paravent mit der Lackierung in raffiniertem Blau hat John Stedila entworfen, das französische Sofa stammt aus dem 18. Jahrhundert. Akzentfarben müssen nicht homöopathisch dosiert werden. In einem Raum in überwiegend neutralen Tönen können sie auch einen größeren Anteil ausmachen. Hier setzt die Farbfläche ein Gegengewicht zu den extrem hohen Decken, während der Lack interessante Reflexe zeigt.

Gegenüber, oben rechts Eine Wohnung in Manhattan in leuchtenden, ungewöhnlichen Farben. Normalerweise bekommt Rosatönen ein kleiner Schuss cremiges Gelb gut. In diesem Fall betont jedoch das bläuliche Rosa den Blaustich des Bildes. Vor der Auswahl einer Wandfarbe sollte man sich etwas mit Farbtheorie beschäftigen.

Gegenüber, unten Es ist erstaunlich, wie viele Designer sich vorzugsweise schwarz kleiden. Das Esszimmer des Textildesigners Mark Badgley ist im Ton »Espresso« gestrichen – vier Farbschichten waren nötig. Die schwarzweiße Gestaltung harmoniert perfekt mit den Fotos, der Kronleuchter wirkt wie ein Schmuckstück. Die Stühle stammen von Jens Risom (um 1940).

Farbe

Ich staune immer wieder über das Alter mancher Dinge. Wandfarbe gibt es schon, seit der Mensch aufrecht geht. Manche Zeichnungen in Höhlen aus dem Paläolithikum sinc mit Farbe geschmückt, die 50 000 Jahre alt ist. Ursprünglich verwendete man reine Pigmente, heute bestehen Farben aus Pigmenten, Lösungs- und Verdünnungsmitteln in unterschiedlichen Anteilen.

Anfangs beschränkte sich die Palette auf Primärfarben. Später, mit der Entwicklung von Färbetechniken, kamen immer neue Töne hinzu. Heute werden neutrale Farben oder Abstufungen Ton n Ton bevorzugt, vor denen sich Akzentfarben abheben. Licht und Textur spielen eine entscheidende Rolle. Durch Veränderungen von Textur und Beleuchtung wirkt eine Farbe immer wieder anders.

Zur Wandgestaltung hat Farbe viele praktische Vorteile. Sie versiegelt die Wär de und schützt sie vor Feuchtigkeit. Sie ist relativ preiswert und leicht aufzutragen.

Muster

Lange nahm man an, gemusterte Tapeten seien in China erfunden worden. Es gibt aber kaum Beweise dafür, dass es sie im Fernen Osten früher gab als in Europa. Vermutlich war Ludwig XI. der erste Monarch, der Tapeten herstellen ließ. In einer englischen Publikation aus dem Jahre 1699 heißt es, dass in Surrey Papierbehänge (ein früher Begriff für Tapeten) auch als »paper tapistry« (sic) bezeichnet werden. Dieser Name passte gut auf den praktischen und preiswerten Ersatz für die kostspieligen Wandbehänge, die in reicheren Häusern vorherrschten. Schon damals wurden Tapeten auf Rollen verkauft und als Ersatz für Wandbehänge, bemalte Stoffbespannungen, Leder und Holztäfelungen betrachtet. In gewisser Weise sind sie noch heute ein Ersatz für andere Wanddekorationen.

Hier geht es jedoch weniger um die Tapete an sich als um das Muster. Ich finde nicht, dass man über gemusterte Tapeten oder Wandbilder die Nase rümpfen sollte. Gerade langweiligen Räumen können sie viel Charakter geben. Vom Standpunkt des Architekten kann man einen Raum als Skulptur mit mehreren Ebenen betrachten, eine schlichte Wohnung (vielleicht mit gestrichenen oder strukturierten Wänden) als abstrakte Kunst und den gemusterten Raum als Collage.

Gegenüber, oben links Muster können als Kunstwerk gelten und etwas über die Epoche des Hauses verraten. Edle Farbeffekte wie Holz- oder Marmorimitation sind eine gute Alternative zu Holz oder schwerem Stein. Tapeten – hier das Muster »Kew« von Jocelyn Warner – sind eine unkompliziertere Dekoration.

Gegenüber, oben rechts Alle Wände dieses Schlafzimmers sind mit dem Eiermuster (»Totem«, ebenfalls von Warner) tapeziert, das die Raumwirkung betont. Große Muster wirken in sanften Farben am besten. Große Möbel, die vom Muster nicht erdrückt werden, sind die richtige Wahl.

Gegenüber, unten links Streifen lassen einen Raum höher wirken, wenn sie die richtige Breite haben. Sie eignen sich gut für symmetrische Räume. Gemalte Streifen haben eine ausgeprägtere Textur, können aber durch Streifentapeten ersetzt werden.

Gegenüber, unten rechts In Kellerräumen können Tapeten unpraktisch sein, doch diesem schlichten Esszimmer im Souterrain wirkt das geometrische, unkomplizierte Muster (ebenfalls von Warner) durchaus überzeugend.

Oben Tapeten wie dieses Lilienmotiv »Larger than Life« können die Raumstimmung prägen. Zuerst wird das Tapetenmuster ausgewählt, dann werden Bodenbelag und Textilien darauf abgestimmt.

Rechts Eine gemusterte Decke wirkt immer niedriger, kann aber ein echter Hingucker sein. Dieser Entwurf von Eric Gizard fordert Aufmerksamkeit und passt zur Kunstsammlung in der Wohnung des Malers David Tremlett. Die Hängelampen stammen von Pierre Scholtes, die Stühle von Souplina.

Fußböden

Ursprünglich bestanden die horizontalen Flächen der Räume aus gestampftem Lehm, bedeckt mit Fellen oder Textilien. Noch heute neigen wir dazu, einen Fußboden zu gestalten und ihm dann eine Schutzhaut zu geben, die – je nach Klima – Boden oder Füße schützt.

Später verwendete man Steinböden. In römischer Zeit waren Zement und Terrazzo (eine Zementmischung mit kleinen Marmorstückchen) beliebt, aber auch die lebhaften Mosaike sowie nobler Marmor in den Häusern der Reichen. Die wahrscheinlich primitivsten Mosaike stammen aus Guinea, es sind Schädeltrophäen und Masken, die mit Reihen aus kleinen Muscheln bedeckt sind. Im Neolithikum belegte man auf Kreta Böden mit glatt gewaschenen Strandkieseln, auch die ersten Mosaike stammten aus der Ägäis. Weil sie als Bodenbeläge dienten, mussten sie robust und glatt sein. Man vermutet, dass neben dem praktischen und dekorativen Wert der Materialien für die ersten Mosaike auch magische Eigenschaften eine Rolle spielten, die man diesen zuschrieb. Im Mittelalter setzten sich Plattenbeläge durch. Man findet sie in allen großen Kirchen, die ohnehin bedeutende Zeugnisse der Bau- und Designgeschichte sind.

Auch Holzböden wurden früh verwendet, vor allem in privaten Wohnhäusern mit mehr als einem Geschoss. Heute sind Holzböden zweischichtig, in früheren Jahrhunderten war eine einzige Dielenlage üblicher. Die Wahl eines Bodenbelags ist Geschmackssache, er muss jedoch alltagstauglich sein. Wer hätte gedacht, dass der bescheidene Beton, aus dem die Römer Aquädukte und Brücken bauten, heute als eleganter Bodenbelag gilt? Er hat eine ruhige, kühle Ausstrahlung, die in unserer hektischen Welt durchaus ihren Wert hat. Teppiche und Läufer sind mitnichten spießig, dienen jedoch vorwiegend der Dekoration und sorgen für etwas Farbe oder Wärme.

Gegenüber Faszinierend sehen Bodenbeläge aus klaren oder pigmentierten Epoxyharzen aus, in die bunte oder naturfarbene Steinchen oder schimmernde Quarzpartikel eingebettet sind. Das Foto zeigt Marmor in Harz. Viele dieser Böden härten schnell und sind unempfindlich gegen Sonnenlicht, sodass sie auch im Freien verwendet werden können.

Vorige Seite Boden und Wände aus Marmor gehen fast nahtlos ineinander über. Marmor ist jedoch porös, Flecken müssen sofort entfernt werden. Van Duysens streng minimalistisches Interieur wirkt hier wie eine Hommage an John Pawson, den Altmeister des Faches, dessen Schale einen Ehrenplatz erhalten hat.

Links Ein Gussboden aus weißem Harz mit pulverisiertem Perlmutt schimmert wie Champagner und gibt dem Wohnzimmer eine frische, aber luxuriöse Atmosphäre. Die Lebensdauer von Gussböden steht und fällt mit der Qualität des Harzes.

Links unten Terrazzo sollte man immer vom Fachmann verlegen lassen. In diesem Stadthaus in New York stützen Stahlpfeiler im Tiefgeschoss den schweren Fußboden. Terrazzo eignet sich für Fußbodenheizung, kann aber laut und hart wirken. Marmor und Terrazzo werden nicht versiegelt, weil sie dadurch ihren natürlichen Glanz verlieren.

Komposit

Zu den interessantesten Fußböden gehören die gegossenen Typen. Es gibt fantastische Produkte aus Harzen mit verschiedenen Zusatzstoffen. Auch Beton, der letztlich aus Steinen und Kies besteht, wird gegossen. Harzböden sind durabel, nahtlos, rutschfest, widerstandsfähig gegen Chemikalien und in nahezu jeder Farbe zu haben – ideal für Wohn- und Geschäftsräume. Neben Epoxyharzen werden auch Methacrylate angeboten, nahtlose Gussböden, die selbst in kalten Räumen nach nur einer Stunde ausgehärtet sind. Das Material ist ausgesprochen stoß- und kratzfest und kann auch auf Beton und Stahl gegossen werden. Epoxy- und Methacrylat-Beläge sind mit matter sowie mit seidig glänzender, jedoch nicht blendender Oberfläche erhältlich. Trotz der recht großen Preisspanne scheinen Gussböden das Material der Zukunft zu sein – zumal der Fußboden meist einer der größten Kostenfaktoren der Wohnung ist.

Daneben gibt es Kompositmaterialien, die nicht gegossen werden und sich als Alternative zu Massivholz eignen. Spanplatte aus Holzspänen und Harz ist bekanntermaßen preiswert und sieht unbehandelt und versiegelt attraktiv aus.

Oben Zum Verlegen dieses makellosen Fußbodens aus deutscher Weißeiche wurden erfahrene Tischler engagiert. Die Tischlerei ist ein anspruchsvolles Handwerk, das traditionell in drei Bereiche gegliedert ist: Entwurf und technische Zeichnung, Ausführung sowie Beurteilung des gewählten Holzes und seiner Belastbarkeit.

Oben Holzböden mit geometrischen Mustern – seien es gebeizte Elemente oder Einlagen aus anderen Materialien wie Schiefer – können hinreißend aussehen. Dieser Boden ist eine Maßanfertigung. Firmen wie Rowi (Niederlande) bieten aber auch Parkett in vielen Holzqualitäten von kanadischem Ahorn bis Teak mit ähnlicher Optik an. Sogar Bambus ist erhältlich.

Oben In dieser vom französischen Innenarchitekten Frédéric Méchiche gestalteten Wohnung wurde der alte Holzboden abgebeizt, geschliffen, lasiert und versiegelt. Ist ein vorhandener Boden in gutem Zustand, reicht es oft ihn schleifen und neu versiegeln zu lassen. Neuere Dielen haben Nut und Feder, in älteren Häusern sind sie meist stumpf »auf Stoß« verlegt.

Oben Dieser makellose Boden aus gebeizter Eiche ist nur einer der vielen reizvollen Aspekte dieser Wohnung. Ein fachmännischer Schliff – das Produkt von mindestens sechs Wochen intensiver Ausbildung – ist leicht von der Arbeit eines Laien zu unterscheiden. Weil Böden heute nicht mehr unter Teppichen versteckt werden, lohnt es sich etwas mehr Mühe oder Geld zu investieren.

Holz

Traditionelle Holzböden sind sehr beliebt. Oft bestehen sie aus Eiche, Buche, Esche oder Birke. Buche ist zwar sehr hart, lässt sich aber nur schwer abschleifen und wegen der feinen Poren kaum beizen. Eine gute Wahl ist auch amerikanische Schwarzkirsche. Das Holz hat eine schöne Farbe, ist stoßfester als Birke, aber weicher als Eiche.

Holzböden müssen versiegelt werden. Unversiegeltes Holz ist nicht vor Wasser- und Fettflecken geschützt und wird schnell unansehnlich. Weichholz wie Kiefer passt in manche ländlichen Wohnungen, erinnert mich persönlich aber zu sehr an den Jaffakistenstil der Hippiezeit und muss besonders gründlich versiegelt werden. Manche Lacke eignen sich auch für Fußböden, sind aber nicht so durabel wie echte Versiegelungen. Die meisten Versiegelungen haben eine glänzende Oberfläche, es gibt aber auch matte oder seidenglänzende Pro-

Oben Es ist eine Freude, einen Teppich anzuheben und ein schönes Parkett zu finden. Ein solches Riemchenparkett erfordert einen glatten Untergrund aus Massivholz, Sperrholz oder Spanplatte. Sind nur einige Teile lose, kann ein Tischler sie mit einer Mischung aus Sägemehl und Harz wieder fixieren.

Oben Jasper Conrans Fußboden besteht aus Eiche. Vor allem Weißeiche ist sehr beliebt, weil die aus dem ganzen oder dem geviertelten Stamm geschnittenen Dielen eine wunderbare Maserung zeigen. Zudem verträgt sie Feuchtigkeit besser als Roteiche. Empfehlenswert ist auch Jotoba oder Brasilianische Kirsche, die härter als amerikanische Kirsche ist.

Oben Schäden sollten Sie immer von einem Fachmann beurteilen lassen, um zu entscheiden, ob der Boden zu retten ist oder erneuert werden muss. Bei Unebenheiten muss vor dem Verlegen eines neuen Bodens festgestellt werden, ob Feuchtigkeit oder Bewegung des Mauerwerks die Ursache ist. Dieser Boden hat trotz einiger Reparaturen seinen Charme nicht verloren.

Oben Ein weiß lackierter Dielenboden kann in einem zwanglosen Landhaus oder am Meer stimmig aussehen. In der Stadt erinnert er mich aber eher an eine Studentenwohnung – sofern er nicht Teil eines ganz in Weiß gehaltenen Interieurs ist. Alle Lackfarben sind geeignet, spezielle Fußbodenlacke sind strapazierfähiger und leichter zu verarbeiten, besonders durabel sind Bootsfarben.

dukte, die das Holz natürlicher aussehen lassen. Alle Versiegelungen verändern mit der Zeit ihren Farbton, Öl-Harz-Produkte neigen besonders zum Nachdunkeln. Solche Öl-Harz-Versiegelungen dringen jedoch in das Holz ein und arbeiten mit ihm, während Polyurethan-Versiegelungen als Schicht auf dem Holz stehen bleiben. Sie eignen sich weniger für neue Holzböden, die oft noch schrumpfen, sodass die Versiegelung reißen kann.

Lasierte Holzböden können edel aussehen. Es gibt Lasuren in vielen Holztönen und anderen Farben, Letztere sind jedoch der Mode unterworfen. Neben Acryllasuren auf Wasserbasis sind auch lösemittelhaltige Lasuren und mit Ölanteilen erhältlich. Soll ein lasierter Boden versiegelt werden, muss darauf geachtet werden, dass Lasur und Versiegelung sich vertragen. Das gilt besonders für Lasuren auf Ölbasis. Wasserlösliche Lasuren kann man versiegeln, ohne dass eine chemische Reaktion zu erwarten ist.

Stein

Stein ist wunderschön – vor allem einheimischer Stein, wenngleich Marmor fast immer importiert wird. Häufig findet man im Steinbruch in der Umgebung die idealen Farben für die jeweilige Region, zumindest aber gute Hinweise. Zudem verträgt einheimischer Stein das örtliche Klima optimal. Allerdings gibt es auch einige wundervolle importierte Steine. Aus dem englischen Lake District stammt Kirkstone, ein seegrünes Vulkangestein, dass erst durch die moderne Diamant-Schneidetechnik abgebaut werden kann. Manche vulkanischen Gesteinsarten sind infolge Modetrends etwas knapp geworden, Canterra und Adoquin eignen sich für Feuchtbereiche wie Bäder oder die Poolumgebung nicht sehr gut.

Naturstein gibt es mit unterschiedlich bearbeiteten Oberflächen, von denen jede einen speziellen Namen und ein anderes Aussehen hat. Echte Fans könnten sich auch einmal auf der Marmormesse umsehen, die alljährlich im italienischen Verona veranstaltet wird.

Rechts Beim Verlegen harter Böden kommt Geometrie ins Spiel. Stein wird in Form von Platten angeboten, die vom restlichen Raum nicht ablenken. Betonprodukte können in nahezu jede Form gegossen werden. Auf Fugen darf dennoch nicht verzichtet werden, sonst riskiert man unkontrollierte Risse.

Ganz rechts Diesen alten Steinboden fanden die Besitzer eines belgischen Bauernhauses vor. Leicht angeraute Steinoberflächen sind weniger rutschig als polierte. Das Kombinieren von verschiedenen Gesteinsarten mit unterschiedlicher Oberfläche kann auf lange Sicht Pflegeprobleme mit sich bringen. Besser ist es, eine Gesteinsart mit verschieden behandelten Oberflächen zu verwenden.

Rechts unten Der Sitzbereich aus Rio-Verde-Schiefer mit dem abgesenkten Fußraum wirkt durch die Kissen mit Lederbezügen wärmer.

Ganz rechts, unten Schiefer- und Sandsteinqualitäten weisen erhebliche Unterschiede auf und sollten ohne professionelle Beratung nicht für Feuchtbereiche verwendet werden. Schiefer gibt es in verschiedenen Qualitäten für den Innen- und Außenbereich. Das Foto zeigt Schiefer aus Indien in einer Wohnung in Los Angeles.

Gegenüber Echter Terrazzo besteht aus feinem Marmorsplitt, manchmal farbigen Partikeln und einer Zementmasse. Die Masse wird verteilt, mit einer leichten Walze geglättet und dann mit einem schweren Schleifgerät bearbeitet. Danach wird sie von Hand geschliffen, gereinigt, poliert und versiegelt.

Diese Seite Dekorative Teppiche mit geometrischen Mustern gibt es schon seit Jahrhunderten. Heute sorgen moderne Technologien dafür, dass immer kompliziertere Designs produziert werden können. Der Pariser Architekt Eric Gizard, der in dieser Branche noch recht neu ist, hat eine eigene Kollektion auf den Markt gebracht. Dieses Muster heißt »Tarkett Sommer« und zeigt blasenähnliche Computergrafik-Motive.

Gegenüber, oben links Das Filzen ist eine uralte Methode der Teppichherstellung. Das älteste im Ganzen erhaltene Exemplar stemmt aus dem 3. oder 4. Jahrhundert v.Chr. Es ist ein Rechteck aus schwarzer Wolle oder Haarfilz mit einem weißen Rand an einer Seite, auf den im Spaltstich rote und blaue Katzenköpfe aufgestickt sind. Dieser Teppich ohne Ornamente wirkt zugleich uralt und ganz modern.

Gegenüber, oben rechts Der kreisrunde Teppich wirkt wie eine Insel in dem quadratischen Raum. Er schafft optischen Zusammenhalt und sorgt dafür, dass dieser Sitzbereich nicht wie ein Flur wirkt. Lee Mindel lässt gern Teppiche in der renommierten irischen Firma V'Soske Joyce Ltd fertigen, die feinste Leinen-, Seiden- und Wollgarne in wundervollen Farbtönen verwendet.

Gegenüber, unten links Die Japaner sind die Pioniere der Modulbauweise. Das Grundmaß für alle Holzelemente lehnt sich an die Abmessungen der *Tatami*-Matten an, folglich sind japanische Wohnungen quasi um diese Matten herum gestaltet. Unter den westlichen Materialien kommt Sisal dem weichen Schilf, aus dem *Tatamis* geflochten werden, am nächsten. Es wird zwar anders verarbeitet, fühlt sich aber ähnlich natürlich an. *Tatami* nimmt Feuchtigkeit auf und soll durch seinen beruhigenden Geruch auch die Gesundheit fördern.

Teppiche

Ob es um Behaglichkeit geht, eine Insel als Zentrum des Raums oder etwas Weiches, Warmes – ein Teppich kann all das bieten und dazu noch das Farbschema eines Raums ergänzen. Viele Teppiche haben Muster in vielen Farben, die man gar nicht separat wahrnimmt, die jedoch optische Brücken schlagen können.

Auch Auslegeware kann edel aussehen. Einige meiner erklärten Favoriten wurden in den 1960er Jahren von David Hicks entworfen und von Avina hergestellt. Vor Jahren habe ich am Sloane Square in der Wohnung eines seiner Freunde Riesenflächen dieser Sechseckmuster gesehen, an die ich mich später beim Anblick von grafisch gekonnt gestalteten Websites mit übersichtlicher Bedienerführung erinnerte.

Der große Vorzug von Teppichen und Auslegeware liegt in ihrer guten Lärmdämmung, daneben sorgen sie auch für Wärme – und manchmal für Überraschungen. In der New Yorker Wohnung des Architekten Christopher Smallwood staunte ich über hübsche, blau-weiß gestreifte, indische Dhurries, die auf exotischeren Teppichen lagen. Ich meine, dass man auf Teppiche ruhig treten darf. Manche tragen keine Spuren davon, andere altern mit Würde. In den Laufstraßen der Wohnung ist gute Qualität wichtig, aber muss man sie verstecken?

Bauelemente

Edith Wharton, Romanautorin des späten 19. Jahrhunderts, war ihrer Zeit weit voraus. Sie gewann nicht nur als erste Frau den Pulitzer-Preis, sondern trug auch maßgeblich zur Entwicklung der Innenarchitektur in den USA bei. Angeregt von den Arbeiten der Beaux-Arts-Architekten Charles McKim und Stanford White sprach sie sich für einen diskreten und sensiblen Einrichtungsstil aus. Sie hielt es für nötig, im ersten Schritt den Grundriss, alle Seitenrisse und die baulichen Details eines Raums zu beurteilen, ehe die eigentliche Gestaltung folgte. Das erforderte Stunden mühsamer Zeichenarbeit, die sich gleichwohl lohnten. Mit modernen Computerprogrammen ist das Zeichnen einfacher und genauer geworden, zudem gibt es Firmen, die Fachleute und Laien bei der Erstellung solcher Zeichnungen unterstützen. Anschließend leisten die Zeichnungen gute Dienste bei Entscheidungen über die Proportionen und die Platzierung der Möbel. Es gibt spezielle Software, die das Einfügen von Möbeln in dreidimensionale Computergrafiken erlaubt. So kann man moderne Klassiker, Schränke, Lampen und alles andere, was im Handel zu finden ist, in die virtuelle Wohnung stellen. Es ist sogar möglich, einen virtuellen Rundgang durch die geplante Wohnung zu unternehmen und mit verschiedenen Oberflächen zu experimentieren. Bei guten Innenarchitekten gehören solche Angebote heute zum Standard.

Edith Wharton vertrat die Meinung, dass die Proportionen die Raumharmonie beeinflussen. Die wesentlichen Elemente eines Raums stellt sie in ihrem berühmten Handbuch *The Decoration of Houses* vor, das 1897 in Zusammenarbeit mit Odgen Codman jr. erschien. Darin geht sie detailliert auf Wände, Türen, Decken, Fußböden und Fenster ein: »Sie stehen nicht nur für die drei wesentlichen Faktoren der Behaglichkeit – Licht, Wärme und Zugang –, sondern sind auch das entscheidende Element in der Kombination aus Masse und Leerraum, auf der architektonische Harmonie letztlich beruht.« Eine weitsichtige Äußerung für eine Frau des ausgehenden Viktorianischen Zeitalters, einer Epoche, in der sich häusliche Behaglichkeit für die meisten Menschen durch opulenten dekorativen Krimskrams definierte. Ich denke, dass man den Begriff Bungalow wieder in den Sprachgebrauch aufnehmen sollte. Eigentlich bezeichnet das Wort die typischen, eingeschossigen Wohnhäuser, die im Indien der Kolonialzeit von Europäern bewohnt wurden. Ein modernes Wohnhaus kann ohne Innentüren und – wie ein Bungalow – ohne Treppen auskommen. Sind aber solche Elemente erwünscht, etwa Türen zum Schutz der Privatsphäre sowie zur Wärme- und Kälteisolierung oder Treppen zur Verbindung von Stockwerken, müssen sie gut durchdacht sein. Ich habe in letzter Zeit viele Stadthäuser gesehen, in denen ein Fahrstuhl eingebaut wurde und die Treppe nur noch der Vorschrift wegen existiert. Fahrstühle können in großen Häusern Platz sparen. In kleinen Häusern nehmen sie wegen der notwendigen Mechanik jedoch zu viel Raum ein. Die Fahrstühle mancher Häuser in Paris bieten, wenn zwei Personen darin stehen, kaum noch Platz für eine Handtasche, geschweige denn Gepäck.

Oscar Wilde, der 1900 in der Hochblüte des Viktorianischen Zeitalters starb, meinte, dass Meinungsänderungen ein Merkmal denkender Menschen sind. Es kann einige Überlegung kosten, die perfekte Treppe zu finden und ihr auch noch den optimalen Platz zu geben, oder Türen und Fenster so zu platzieren, dass sie den Alltagsablauf erleichtern. Denken Sie gründlich nach, ändern Sie Ihre Meinung am Zeichenbrett so oft wie nötig – aber fällen Sie am Ende eine Entscheidung.

Treppen

Ehe Treppen alltäglich wurden, betrachtete man sie als Symbol des Aufstiegs in religiöser oder anderer Hinsicht, vor allem als Übergang zwischen der Erde und spirituellem Reich. Heute können Treppen wegen all der gesetzlichen Feinheiten problematisch sein. Es ist wichtig, sich mit den Bauvorschriften vertraut zu machen, sonst steigt man womöglich ins Seelenreich auf, ehe man seine Träume verwirklicht hat. In den meisten Ländern gibt es sehr konkrete Vorgaben zu Materialien, Abmessungen und Sicherheitsvorkehrungen.

Beflügelt durch die Eigenschaften von Materialien wie Stahl und Glas wirken viele moderne Treppen wie Symbole kunstfertiger Konstruktion und Raffinesse – man denke nur an Eva Jiricna und Richard Rogers. Das mögen die funkelnden Juwelen der Architektur sein, doch für Wohnhäuser brauchen wir Materialien, die unseren Wurzeln näher sind. Grünes Glas ist völlig ungeeignet und keineswegs menschennah, bestenfalls geeignet für öffentliche Räume. Beton und Holz sind solider und durabler. Beton kann reizvoll aussehen und ist mit einer Fußbodenheizung auch sehr behaglich. Stahl ist denkbar, etwa für leichte, elegant geschwungene Wendeltreppen, die förmlich durch den Raum zu schweben scheinen.

Ein Favorit des Treppendesigns ist das Modell aus Beton, das Eero Saarinen für das General Motors Technical Center in Detroit entworfen hat. Der Designer hat die neuen Technologien auf die Probe gestellt, indem er einzeln gegossene Stufen aus verstärktem Beton an Stahlseilen aufgehängt hat.

Oben links Frei tragende Treppenstufen sehen sehr modern aus. Früher mussten die Stufen in der Wand verankert werden, heute gibt es andere Befestigungstechniken, die darauf verzichten können. Sie brauchen wenig Platz und sehen sehr attraktiv aus. Man sollte sich unbedingt erkundigen, ob ein Geländer vorgeschrieben ist. Versuchen Sie auf keinen Fall, eine Treppe ohne die Mitwirkung eines kompetenten Fachmanns selbst zu bauen.

Oben Die Wendeltreppe folgt elegant der Rundung von Wand und Kern. Als Spindeltreppen bezeichnet man Modelle, die keinen massiven Kern haben, sodass Licht von oben bis unten fallen kann. Wendeltreppen in Wohnhäusern sollten nicht höher als 3 Meter sein, die Maximalhöhe für Spindeltreppen ist häufig gesetzlich festgelegt. Diese Treppentypen nehmen zwar wenig Platz ein und bieten sich für enge Wohnungen an, das Besteigen ist jedoch anstrengender als bei einer konventionellen Treppe.

Rechts Eine frei im Raum installierte Treppe kann durchaus als Blickfang dienen und die Raumproportionen günstig beeinflussen. Ich finde diesen Einsatz von Treppen in Privathäusern nur selten sinnvoll, wohl aber in öffentlichen Räumen. Das Foto zeigt eine geschickte Lösung. Die Treppe scheint frei im Raum zu schweben, ist aber auf einer Seite von der Glaswand begrenzt. Dahinter befindet sich ein Innenhof mit einem Wasserspiel, das vom Raum aus sichtbar ist und ein Gegengewicht zur relativ dominanten Treppe bildet.

Oben Der ägyptische Gott Osiris wurde auch als »der am Kopf der Treppe steht« bezeichnet. Tatsächlich ist der Kopf der Treppe für die Raumharmonie ebenso wichtig wie die Treppe selbst. Hier wurde das traditionelle Geländer durch eine sachliche Konstruktion ersetzt, wie sie die Modernisten ursprünglich aus dem Schiffbau entliehen hatten.

Links Türen, Fenster und Treppen regeln den Verkehr in der Wohnung und sorgen so für reibungslose Abläufe. Eine ungeschickte Aufteilung sieht hässlich aus und behindert obendrein die Kommunikation zwischen den Räumen. Traditionelle Treppenhäuser wie dieses Beispiel im Staat New York wirken gleich viel moderner, wenn man ihre Umgebung vereinfacht. Das Geländer wiederholt hier sehr elegant den Bogen des über zwei Etagen reichenden Fensters.

Oben rechts Die moderne Treppe im Stil einer Feuerleiter harmoniert gut mit dem alten Lagerraum. Echte Industrietreppen überbrücken oft mehrere Etagen und haben in jedem Geschoss einen Treppenabsatz. Sie können in einem riesigen Loft reizvoll aussehen, sind sonst aber unpassend. Diese Treppe wirkt wie improvisiert, ist aber das Ergebnis sorgfältiger Überlegung.

Rechts In privaten Wohnhäusern findet man meist schlichte, geradlinige Treppen oder Versionen mit einem Absatz zum Richtungswechsel. Holz und Stahl sind wegen ihrer visuellen Leichtigkeit die bevorzugten Materialien. Mit der Entwicklung moderner, attraktiver Treppen ist auch die Rumpelkammer unter der Treppe verschwunden.

Diese Seite Die deckenhohe Schwingtür in Mark Rios' Haus in Kalifornien dient teilweise als psychologische Barriere, teilweise als Schallisolierung. Sie trennt den Wohnbereich (im Hintergrund) von Schlafraum und Bad (im Vordergrund). Über dem passenden Deckenpaneel versteckt sich Stauraum.

Rechts Türbeschläge beeinflussen die Wirkung einer Wohnung erheblich. Dieses Modell basiert auf einem zylindrischen Hebelgriff im Bauhaus-Stil von Walter Gropius für die Fagus-Werke (1923). Es war der erste Türgriff aus Massenproduktion. Heute sind Bauhaus-Türbeschläge über die Firma Technoline mit Sitz in Deutschland erhältlich.

Ganz rechts, oben Die Schiebetür ist nur oben aufgehängt, der Fußboden wird nicht unterbrochen. Sie verschwindet komplett in der Wand und kann an dem pfiffigen Griff wieder herausgezogen werden. Schiebetüren sehen elegant aus und verschwenden keinen wertvollen Platz.

Ganz rechts, unten Wie Fenster können auch Türen Licht durch die Wohnung leiten. Architekt Stephen Roberts setzt deckenhohe Türen ohne Wandscharniere ein, um subtile Grenzen zwischen Räumen zu schaffen. In diesen Raum gelangt man durch Türen mit maßgenau gefertigten Stahlrahmen und weißen Milchglasscheiben.

Türen und Fenster

Früher waren Türen in herrschaftlichen Häusern so gestaltet, dass sie die Bedeutung des Raums ausdrückten. Folglich variierte ihre Höhe von Raum zu Raum. Ehe wir in unser jetziges Haus zogen, ein schmales, symmetrisches Gebäude aus Edwardianischer Zeit, lebten wir in einer Wohnung in einem Mehrfamilienhaus. Vom Eingangsflur gingen auf einer Seite drei hohe Türen ab, die in die Wohnräume führten. Auf der anderen Seite lagen drei deutlich niedrigere Türen, hinter denen sich Funktionsbereiche wie Küche etc. befanden. Auf mich wirkte der Flur immer unausgewogen, als habe er Schlagseite. Als Eingang zu einem sehr formalen Raum bietet sich eine doppelflüglige Tür an, generell meine ich aber, alle Türen einer Wohnung sollten in der Höhe einheitlich sein. Deckenhohe Türen sehen besonders gut aus.

Die Tür, wie wir sie kennen, ist verblüffend jung. Ursprünglich verwendete man Felle oder Textilien, die herabhingen oder aufgerollt wurden. Im Grab des Ti aus der fünften ägyptischen Dynastie fand man kunstvolle Wandgemälde reich verzierter Matten, die – ähnlich wie eine Markise – nach oben gerollt wurden, um den Eingang freizugeben. In manchen italienischen Kirchen findet man noch heute Lederbehänge als Zweittüren. Die ersten massiven Türen entstanden in Ägypten. Wie heute bestanden sie aus durchgehenden Holzplatten, die jedoch schwerer als moderne Typen waren. Oben und unten

Links Glas ist ein vielseitiges Material, dessen Oberflächenwirkung praktischen und auch dekorativen Nutzen haben kann. Wenn Licht durchdringen soll, aber keine Blicke, kommen satinierte, geriffelte oder geätzte Glasqualitäten zum Zug. Glastüren mit derart behandelten Oberflächen eignen sich besonders für Badezimmertüren. Sind sie geschlossen, sieht ein Betrachter nur die schimmernde, geradezu verträumte Fläche und ahnt nichts von den praktischen Elementen dahinter.

Unten Für Schiebetüren wie diese in der von Vincent Van Duysen gestalteten Wohnung muss seitlich ausreichend Platz vorhanden sein. Manche Typen laufen vor einer Wandfläche, andere verschwinden zwischen zwei Wandflächen. Daneben gibt es Falttüren nach dem Ziehharmonika-Prinzip, deren Segmente meist mit Scharnieren verbunden sind.

Rechts Oben und unten angeschlagene Drehtüren haben den Vorteil, dass sie schwerer sein können als Türen mit seitlichen Scharnieren. Zudem benötigen sie keinen Rahmen. Aus Glas sind solche Türen praktisch unsichtbar. Die gelbe Tür zum Arbeitszimmer in diesem Haus in Notting Hill sorgt für Lärmschutz und setzt in dem ohnehin farbenfrohen Ambiente einen sonnigen Akzent, der Durchblicke auf die interessanten Möbel erlaubt – darunter ein funktionaler Tisch von Jeannette Laverière.

waren sie mit Stiften versehen, die in entsprechende Aussparungen in der Türlaibung passten. Für breite Durchgänge verwendete man zwei Türflügel, die jeweils an den Außenkanten befestigt waren. Wo Holz knapp war, verarbeitete man der Not gehorchend auch Stein zu Türen. In Pompeji entdeckte man Marmortüren aus der Zeit des Kaisers Augustus. Die raffinierte Paneelbauweise diente wahrscheinlich dazu, das Gewicht zu reduzieren, die Stabilität aber zu erhalten. Die Form folgte damit der Funktion.

Die geteilten Türen, die wir heute als »rustikal« bezeichnen, haben ihren Ursprung in warmen Ländern, wo sich das Holz leichter verzieht. Das gilt ebenso für Türen aus senkrechten Brettern, die mit Quer- oder Schräghölzern zusammengehalten werden, und für Türen aus massiveren Rahmenhölzern und leichteren, in Nuten gesetzten Paneelen. In Syrien, Palästina und Mesopotamien verkleidete man Holztüren häufig mit dünnem Metall, das kunstvoll gehämmert und gestanzt war. Im Britischen Museum in London sind einige Beispiele zu sehen. Moderne Türen und ihre Mechanismen zum Öffnen und Schließen sind so variantenreich wie ihre alten Vorgänger, allerdings werden sie zunehmend schlichter.

Um die Mitte des 20. Jahrhunderts maß man Fenstern große Bedeutung bei. Der britische Dichter Philip Larkin fasst diese Haltung in Worte: »Nicht Worte, eher Gedanken strömen durch hohe Fenster. Die Sonne wird eins mit dem Glas. Und dahinter die tiefblaue Luft, die nichts enthält, nach nirgendwo führt, endlos ist.«

Dass die Menschen das Sonnenbaden entdeckten und das Interesse an der Umwelt wuchs, erkennt man auch daran, dass die Fenster moderner Häuser immer größer wurden. Man legte Wert auf eine gesunde Lebensweise und darauf, frische Luft und Sonne in die Häuser zu lassen. Noch um die Jahrhundertwende hatte man Sonnenlicht für schädlich und Fenster für eine Brutstätte von Bakterien gehalten. Das Leben im Freien galt als bäuerlich und ungehobelt. Zudem wurde im 19. Jahrhundert in England eine Fenstersteuer erhoben, die für Stadthäuser mit mehr als acht Fenstern sogar einen Zuschlag vorsah. Doch allmählich hatte man die alten Häuser mit ihrem Staub und ihren Schnörkeln satt. Um 1930 breitete sich unter den Architekten eine wahre Fenster-Manie aus.

Abgesehen von einer Vergrößerung der Fenster in Relation zur Wandfläche setzten sich zunehmend schlichtere Formen durch. In den späten 1920er Jahren entwarf Le Corbusier für die Villa Savoye bei Paris »Fensterbänder« aus kleinen und mittelgroßen Scheiben, die sich in Hüfthöhe oder knapp darüber horizontal um den Bau erstreckten. Bald darauf gestalteten Ludwig Mies van der Rohe und Philip Johnson (siehe Seite 99) ihre umstrittenen Häuser mit den »Fensterwänden«, die Licht einließen, aber die Elemente aussperrten. An ihre Arbeiten knüpfte Richard Neutra an, der das Bedürfnis nach Sichtschutz berücksichtigte und bei Los Angeles L-förmige Häuser baute, bei denen nur die Innen-

Gegenüber, oben links Verschiebbare Shoji-Schirme trennen die Diele von der Küche. Shoji sind lichtdurchlässige Türen oder Fenster aus Papier – schlicht, zweckmäßig und attraktiv. Traditionelle japanische Shoji bestehen aus einem verschiebbaren Holzrahmen mit kleineren Feldern und einer Bespannung aus Reispapier.

Gegenüber, oben rechts Bei dieser Drehtür in Mailand liegen die Angelpunkte auf einem Drittel der Breite. Sie ist so ausbalanciert, dass sie im Winkel von 90° offen bleibt. In öffentlichen Räumen müssen Glastüren mit einer Markierung versehen sein, damit man sie nicht übersieht. In Privatwohnungen ist das nicht notwendig, Unfälle kommen jedoch vor. Drehtüren brauchen in alle Richtungen viel Platz.

Gegenüber, unten links In Paris sind die Badezimmer manchmal winzig. In Eric Gizards Wohnung konnte durch die raffinierte Anordnung der Türen gerade genug Platz für eine Toilette (linke Tür) und eine Dusche (rechte Tür) geschaffen werden. Der Rest des Bades ist Teil der offenen Wohnung.

Gegenüber, unten rechts Durch Veränderung der Türproportionen kann der Charakter einer Wohnung völlig verändert werden. Hier wurde der Durchgang auf doppelte Breite erweitert. Moderne Türen gibt es in vielen Abmessungen. Im 18. Jahrhundert galt die Regel, dass die Höhe mindestens der doppelten Breite entsprechen sollte.

Oben rechts Hinter diesem Fenster liegt ein zweites Fenster, zwischen beiden befindet sich die Dusche. Am Tage flutet Tageslicht herein, bei Dunkelheit kann die Beleuchtung eingeschaltet werden. Durch diese Fensteranordnung gewinnt auch der dunkle Flur des Londoner Hauses an Helligkeit.

Rechts Stahlrahmentüren von Crittall führen in einen Bambusgarten mitten in New York. Ähnliche Türen setzten auch Gropius und Lloyd Wright um 1920 und 1930 ein. Diese beiden Glastüren sind die einzige Tageslichtquelle auf dieser Wand.

seiten der beiden Schenkel verglast waren. Nach dem Zweiten Weltkrieg betrachteten viele Menschen große Fensterflächen als Symbol einer neuen Freiheit. Doch erst 1959 wurden in einer britischen Schmelze Glasscheiben von mehr als 3 Metern Länge produziert, die den Transport zu Baustellen überstanden.

In den letzten Jahrzehnten hat sich die Glasherstellung rasant entwickelt. Mit der Erfindung von reflexfreiem oder spiegelndem Glas sowie Typen, die nur von innen transparent, von außen aber undurchsichtig sind, hat es sich als innovatives Baumaterial etabliert. Inzwischen gibt es fotosensitives Glas, das sich abhängig von der Lichtintensität selbsttätig eintönt, sowie verschiedene Arten von Isolierglas, die Heizenergie sparen. Damien Hirst setzt in seinem Atelier LCD-Glas ein, das beim Betreten des Raums undurchsichtig wird. Die Architekten Azman Owens nutzten diese Technologie für die Umkleidekabinen von Alexander McQueens Boutique in der Londoner Conduit Street.

Fenster sind ein Teil der häuslichen Infrastruktur, darum kann man sie nicht isoliert betrachten. Wer nicht neu baut oder reichliche Mittel hat, beeinflusst ihren Stil meist nur durch die Dekoration. Dabei geht der Trend wiederum zur Schlichtheit. Veränderungen der Fassade werden bei alten Gebäuden nur relativ selten genehmigt, folglich muss man die Fenster oft als gegeben hinnehmen und kann sie lediglich durch die Dekoration »modernisieren«. Fenster sind teuer, Dekorationen nicht zwangsläufig. Jalousien, Rollos, Innenfensterläden – es gibt viele Wege, grelle Sonne auszusperren und Wärme im Haus zu halten.

Diese Seite, oben Das rechte Fenster in diesem Bad ist »echt«, hinter dem linken verbirgt sich jedoch ein Einbauschrank. Durch die große Glasscheibe mit dem integrierten, runden Spiegel über dem Waschbecken fällt der Blick in die Küche.

Diese Seite, unten In England öffnen sich die Fenster nach außen, innen werden Vorhänge bevorzugt. In Frankreich öffnen sich die Fenster nach innen, außen findet man Lamellenfensterläden, die Luft zirkulieren lassen, aber die grelle Sonne aussperren. Eine originelle Abwechslung zu klassischen Jalousien sind Lamellenfensterläden auf der Innenseite der Fenster. Sie passen am besten in hohe, helle Räume.

Gegenüber, oben links Dieses Bad in einer restaurierten Scheune in England hat eine kleine Fensterwand, die auf einen winzigen Innenhof führt. Für Badezimmer ist glattes Glas besser geeignet als Strukturglas, das sich schwer reinigen lässt.

Gegenüber, oben rechts Der Umbau dieser Scheune mit Lehm-Stroh-Wänden wurde mit einer Auszeichnung belohnt. Auf der hell verputzten Schattenseite des Baus befindet sich nur ein schmales Fenster auf Schulterhöhe. Auf der Sonnenseite wurde eine Fensterwand eingebaut.

Gegenüber, unten links Das simple, quadratische »Loch in der Wand« passt perfekt zu diesem sachlich-modernen Raum in einem uralten Gebäude. Überall im Haus sorgen Oberlichter im Dach für freundliche Helligkeit.

Gegenüber, unten rechts Runde Fenster sind typisch für die Architektur des Modernismus und Art déco, kommen aber derzeit wieder in Mode. Dieses Modell hat Scharniere auf einer Seite, kann aber auch gekippt werden, was besonders ausgewogen aussieht.

Oben Dieses Haus ist eine Konstruktion aus Holz- und Stahlpfosten und Trägern, Glaswänden und Lamellenfenstern zur Lüftung. Alle Räume faszinieren durch ihr hinreißendes Lichtspiel. Das Haus in Kalifornien entstand in den frühen 1960er Jahren.

Oben rechts Bei manchen Umbauten wird der Einsatz von Innenfenstern übertrieben, hier ist er jedoch sehr gelungen. Hinter dem oberen Fenster befindet sich der Schlafbereich, darunter das Bad. Aus beiden Räumen kann man in den Wohnbereich sehen. Solche Fenster bringen Licht in die Räume und lassen sie zugleich größer und zugänglicher wirken.

Rechts Bei der Renovierung dieses Stadthauses von 1860 stimmten die Denkmalsschutzbehörden allen Maßnahmen zu – nur nicht dem Austausch der Fenster in der Vorderfassade. Innenfensterläden mit Klappscharnieren, die sich flach in der Fensternische zusammenfalten lassen, passen gut zu alten Schiebefenstern. Heizkörper und Klimageräte erschweren häufig die Dekoration von Fenstern.

Gegenüber In Mark Rios' Haus, ebenfalls in Kalifornien, erinnern die deckenhohen Fenster an die »curtain windows« des Modernismus, bei denen das Mauerwerk einer Wand fast vollständig durch Glas ersetzt wurde, und die Panoramafenster, die einen großen Anteil der Wandfläche einnahmen und meist eine imposante Aussicht einrahmten.

Oben Beim Umbau der L-förmigen Scheune im englischen Norfolk wurden zwei Wohneinheiten geschaffen. Es wäre zwecklos, den Ursprung des Baus verstecken zu wollen. Selbst in modern eingerichteten Räumen sollten die alten Balken sichtbar bleiben. Sie harmonieren gut mit den neueren Elementen und vermitteln die Atmosphäre des Gebäudes auf authentische Weise.

Oben Aus Gewichtsgründen haben Stahlträger meist eine »Doppel-T«-Form mit einem dünneren Mittelteil und dickeren Seiten, die für die nötige Tragfähigkeit sorgen. Daneben gibt es Träger mit T-förmigem Querschnitt zum waagerechten Einbau sowie Modelle mit einem Hohlraum in der Mitte, die als senkrechte Pfeiler besonders gut aussehen.

Oben Stabile Metall- oder Holzelemente – oder wie hier eine Kombination – vermitteln in Industrieräumen Solidität und erinnern an die frühere Nutzung. Metall und Holz passen gut zu glattem Beton und gegossenen Böden, bilden aber auch einen interessanten Kontrast zu weicheren Oberflächen. Glänzender Edelstahl sieht dagegen zu dünn und fein aus.

Oben Der Architekt Anthony Hudson hat die Räume im oberen Geschoss einer Scheune aus dem 19. Jahrhundert durch »Brücken« verbunden. Diese Galerie zwischen Schlafräumen und Bad spannt sich über den Wohn- und Essbereich, der bis zum Dachstuhl offen ist. Die Brücke mit den Geländern auf beiden Seiten scheint buchstäblich in der Luft zu schweben.

Tragende Teile

Tragende Bauelemente sind notwendig und nicht immer ein Übel. Ihr Aussehen bestimmt letztlich jeder selbst. Gute Gründe sprechen dafür, die Grundsubstanz eines Gebäudes zu bewahren: Versorgungsleitungen müssen nicht neu verlegt werden, der ästhetische Zusammenhalt bleibt gewahrt. Ob seit jeher vorhanden oder nachträglich zugefügt – Stahlträger, Holzbalken oder Betonpfeiler sind tragende Elemente, die die Struktur eines Raums betonen und durch ihre Form und Oberfläche seine Wirkung beeinflussen. Ein Stahlträger vermittelt Industrieatmosphäre, ein runder Pfeiler erinnert an die Anfänge moderner Architektur, ein Holzbalken erzählt uralte Geschichten. Insofern sollte man sie nicht nur als praktische Stützelemente betrachten, sondern auch ihren gestalterischen Wert berücksichtigen.

Oben Manche Pfeiler tragen nicht nur die Decke, sondern verstecken Rohre und Kabel. Unabhängig von ihrer Funktion kann man Pfeiler mit Verputz, Edelstahl oder anderen Materialien elegant aufmöbeln. Die Designerin Marina Frisenna hat die Pfeiler in ihrem großen Bauernhaus bei Lüttich in moderne, dekorative Elemente umgewandelt.

Oben Pfosten, Pfeiler und Säulen sind verschiedene Begriffe für senkrechte, tragende Elemente. Pfeiler haben einen quadratischen oder rechteckigen Querschnitt, Pfosten ebenso, sie sind jedoch schlanker. Senkrechte Stützen mit rundem Querschnitt bezeichnet man als Säulen. Sie alle können aus Stein, Ziegeln, Beton oder Stahl bestehen. Holzpfeiler sind nur bedingt tragfähig.

Oben Als Träger bezeichnet man im Bauwesen ein waagerechtes, tragendes Element, das eine Öffnung überspannt. Solche Träger bestehen heute meist aus Stahl. Betonträger bezeichnet man auch als Sturz, hölzerne Träger sind schlicht Balken. Holzbalken können auf verschiedene Weise miteinander verbunden sein.

Oben An einem Ende des Wohnbereichs in einem großen Londoner Stadthaus hat Architekt Michael Wolfson die Musikecke eingerichtet, komplett mit der Attraktion, einem Flügel. Dazu hat er in den Raum einen »Kasten« gebaut, dessen Wände und Decke keine tragende Funktion haben. Die Wandnischen bieten sich als Präsentationsflächen für Bilder an.

In Räumen mit Industrievergangenheit muss man meist mit Trägern und Pfeilern leben oder sie verkleiden. Dafür gibt es die verschiedensten Möglichkeiten, von denen manche recht teuer sind. Immer geht es darum, die Vorzüge zu betonen und die Nachteile zu vertuschen. Nachdem die positiven Aspekte eines Elements gefunden sind, wird die Beseitigung der Schattenseiten bedacht. Ist es eine Kleinigkeit oder ein großer Eingriff? Soll eine Wand oder ein Pfeiler entfernt werden, ist statt dessen ein waagerechter Träger nötig, vielleicht auch Säulen, Pfosten oder andere Stützen. Auch die gesetzlichen Vorschriften müssen berücksichtigt werden. Tragende Elemente sehen meist geschickter aus, wenn man sie in die Einrichtung integriert, statt sie halbherzig zu verstecken. Sie können Bereiche definieren oder durch ihre Oberfläche das Ambiente beleben.

Versorgung

Heutzutage betrachten wir die Versorgung mit Wasser, Wärme und Licht als selbstverständlich. Erst neuerdings wird uns bewusst, dass die natürlichen Ressourcen der Erde begrenzt sind und dass wir andere Energiequellen finden müssen. Wir gehen kritischer mit den Risiken der Atomenergie um und beschäftigen uns mit Alternativen wie Wasserkraft, Erdwärme und Ausnutzung der Energie der Meereswellen. Auch Wind- und Sonnenenergie werden interessanter, zumal die Preise für Sonnenkollektoren allmählich sinken. Wir übernehmen mehr Verantwortung für unseren Planeten, und sei es nur, indem wir Gemüseabfälle kompostieren oder die Isolierung verbessern, um nicht unnütz Energie zu verschwenden. Wer den Neubau eines Hauses erwägt, ist besser beraten, gelegentlich ein Wissenschaftsmagazin als Bettlektüre zu wählen, statt sich in Lifestyle-Magazine zu vertiefen, die ausschließlich dekorative Aspekte beleuchten – und das auch nur für diejenigen Leser mit üppigem Budget.

Mein Mann und ich haben kürzlich versucht, ein Haus in der Bretagne zu finden, weil uns die Landschaft dort so gut gefällt. Die Grün-, Grau- und Blautöne dieser französischen Region sind besonders einladend, das herbe Wesen des Atlantischen Ozeans ist eine angenehme Abwechslung zum pathetischen Stöhnen des Ärmelkanals und des Mittelmeers. Wichtig war uns der Standort, und damit auch die genaue Ausrichtung des Hauses und die daraus folgenden Tageslichtverhältnisse. Daneben legten wir nur Wert auf Elektrizität und Wasserver- und -entsorgung. Es gibt viele Häuser ohne diese Annehmlichkeiten. Wir waren zwar bereit, das Dach neu zu decken, Steinplatten auf einem Boden aus gestampfter Erde zu verlegen, Wände, Stützpfeiler oder Treppen (mit fachmännischer Hilfe) einzubauen, doch auf ein Gebäude ganz ohne Strom und Wasser wollten wir uns nicht einlassen. Es mag sinnvoll oder sogar nötig sein, neue Leitungen zu verlegen, doch der Anschluss sollte vorhanden sein. Wir haben einige Erfahrung mit Bau- und Renovierungsarbeiten. Mein Mann stammt aus Neuseeland, wo Grundstücke noch reichlich zu haben sind, und hat dort am Neubau von sechs Häusern mitgewirkt. Ich war mein Leben lang in Renovierungen und Restaurierungen verwickelt. Eines Tages wollen wir aber unser ganz eigenes, modernes Haus bauen. Wir sind gern vor Ort, um schnelle Entscheidungen zu fällen, und eine Minimalversorgung bestimmt, wie viel Zeit man während der Bauarbeiten im Haus verbringt und wie schnell die Arbeiten abgeschlossen sind.

Wasser, Wärme und Licht sind lebensnotwendig. Nur ganz Mutige sollten verzichten, über eine gewisse Zeit ohne sie auszukommen. Wir haben diese Erfahrung gemacht, als wir Freunde in Frankreich besuchten und einen Stromausfall erlebten. Kerzen sorgten für Licht, ein Kaminfeuer für Wärme, das Essen kam vom Grill. Ein Segen war die exzellente Isolierung des Heißwassersystems, die ganze fünf Tage lang das Wasser warm hielt. Was lernen wir daraus? Der Mensch braucht nicht nur Nahrung und Wasser, sondern auch eine gute Isolierung.

Wasser

Die meisten Menschen nehmen morgens lieber eine Dusche als ein Bad, weil das Duschen erfrischt und belebt und weniger Zeit und Wasser braucht. Tröpfelnde Duschen sind out. Kraftvolle Pumpen sorgen für Druck und setzen dem Wasser Luft zu, um das zu erreichen, was die Werbung als »Champagner-Effekt« beschreibt. Verschiedene Duschtypen werden angeboten. Elektrisch beheizte Duschen sind recht preiswert und wenig beeindruckend, liefern aber sofort heißes Wasser. Sie heizen nur die Menge Kaltwasser aus der Leitung auf, die tatsächlich gebraucht wird, darum eignen sie sich besonders für Wohnungen ohne Warmwasserversorgung. Duschen mit Mischventil sind an die Warm- und Kaltwasserleitung angeschlossen. Für das warme Wasser sorgt in diesem Fall ein Boiler, ein Warmwasserspeicher oder ein Durchlauferhitzer. Ist der Wasserdruck gering, kann die Installation einer zusätzlichen Pumpe sinnvoll sein. So genannte Power-Duschen werden ebenfalls an die Warm- und Kaltwasserleitungen angeschlossen, sind aber bereits mit integrierten Pumpen ausgestattet, die dafür sorgen, dass das Wasser den individuell regelbaren Massagedruck erreicht. Diese Modelle verbrauchen erheblich mehr Wasser als konventionelle Duschen.

Für Regionen mit besonders niedrigem Wasserdruck hat NewTeam (ein Tochterunternehmen der amerikanischen Masco Corporation) die Venturi-Dusche entwickelt. Sie drückt kaltes Leitungswasser mit so hohem Druck durch eine Düsenpumpe, dass ein Sog entsteht, der heißes Wasser aus dem Heißwasserspeicher zieht.

Eine sehr elegante Lösung ist ein großer, fest installierter Duschkopf an der Decke oder zumindest deutlich über Kopfhöhe. Im Claridge-Hotel in London sind die Brauseköpfe riesig, zusätzlich ist in jeder Dusche in Hüfthöhe ein zweiter Duschkopf installiert, aus dem Wasser prasselt – erfrischend!

Badewannen

Das Baden hat sich zu einer Abendaktivität entwickelt, weil es sehr entspannend ist. Darauf reagieren auch die Hersteller von Badezusätzen: der Anteil der Produkte, die Entspannung versprechen, ist weit größer als der Anteil belebender Zusätze. Die Aromatherapie will jedoch beides leisten können. Bezüglich des Komforts gibt es einige Faustregeln, wie viel Platz abgesehen von den eigentlichen Sanitärobjekten im Bad vorhanden sein sollte. Ein Erwachsener braucht zum bequemen Abtrocknen etwa 100 x 70 cm vor der Wanne oder dem Waschbecken, die Kniefreiheit vor WC und Bidet sollte 80 x 60 cm betragen.

Auch die Wannen haben den Rahmen typischer Standardmaße längst gesprengt. Im Westen betrug die übliche Länge 167 cm, japanische Tauchzuber benötigen nicht mehr Bodenfläche als eine Dusche. Weil Architekten neuerdings mehr Platz für das Bad einplanen, finden auch moderne Wannen – größer oder in ungewöhnlichen Formen – zunehmend Liebhaber. Manche bevorzugen kurze, tiefe Wannen im asiatischen Stil, andere wählen frei stehende Wannen mit auf dem Boden montierten Armaturen oder simulieren diesen Effekt, indem sie die Wanne nur mit einer Schmalseite an die Wand setzen.

Vorige Seite Glas eignet sich gut für Bäder mit überwiegend »erdigen« Materialien – in diesem Fall einer Wandverkleidung aus indischem Schiefer. Normalerweise wird leicht grünstichiges Standardglas verwendet. Völlig transparentes Glas hat einen niedrigeren Eisengehalt und ist teurer. Waschbecken sind auch aus neuartigen, transparenten Kunststoffen erhältlich.

Ganz links Die Materialien für dieses Bad in London stammen vom französischen Lieferanten Volevatch. Die Flächen sind mit einem Naturstein St. Martin »Patiné« verkleidet, die Rollrandwanne ist in den Sockel eingelassen.

Links Die älteste Badewanne stammt von etwa 1700 v.Chr. und steht im Palast von Knossos auf Kreta. Ihre Form und die Technik der Wasserversorgung ist modernen Modellen erstaunlich ähnlich. Heute werden Wannen im traditionellen Stil aus Porzellan oder Emaille gefertigt.

Links unten Eine ausziehbare Dusche ist praktisch für ein kleines Bad. Sachliche bis stilisierte Mischventile, manchmal auch in Einhebeltechnik, liegen zurzeit im Trend. Solche Accessoires definieren wie ein i-Tüpfelchen den Stil eines Bades.

Diese Seite Die nach Maß gefertigte, frei stehende, knallrote Wanne in der Wohnung des Architekten Fred Collins in London ist nicht zu übersehen. Er entdeckte sie auf einer Designausstellung. Die Lieferzeit aus Helsinki betrug sechs Wochen, zur Installation war ein Kran nötig …

Diese Seite Das nach Maß gebaute Waschbecken in dieser New Yorker Wohnung ist mit Wasserhähnen und Duscharmaturen (nicht im Bild) von Arne Jacobsen ausgestattet. Die übrigen Wände sind mit hochglänzend beschichteten Türen verkleidet, hinter denen sich Einbauschränke verstecken.

Gegenüber, oben Ebenfalls in New York befindet sich das Bad mit dem Waschbecken, das aussieht, wie aus einem Stein gehauen.

Gegenüber, unten links Ein Bad von Laurent Buttazzoni in Paris mit einem interessanten, kubischen Waschbeckenumbau mit quadratischen Fliesen. Das Waschbecken musste attraktiv sein, weil es vom Gästezimmer aus zu sehen ist. Die Vorschriften bezüglich der Trennung des Bades von anderen Bereichen sind von Land zu Land unterschiedlich.

Gegenüber, unten rechts In der von Bruce Bierman gestalteten Wohnung in Manhattan gelangt man vom Schlafzimmer durch eine Spiegeltür ins Bad.

Waschbecken

In Häusern überall auf der Welt habe ich den Eindruck gewonnen, dass die »Er«- und »Sie«-Kultur wieder da ist. Diesmal aber nicht mit gestickten Schnörkelbuchstaben auf Handtüchern und Frotteelatschen, sondern in Form des Waschtisches für zwei Personen. Man sieht zwar regelmäßig Zwillingsbecken, doch scheinen sie weniger beliebt als ein längerer Trog mit zwei Wasserhähnen, weil sie mehr Wandfläche einnehmen. Ich glaube nicht, dass die Popular tät dieser Waschtröge letztlich Platzgründe hat, denn die Bäder werden zunehmend größer. Noch vor rund hundert Jahren hatten die Bewohner größerer Häuser getrennte Bäder und Ankleidezimmer, oft auch Schlafzimmer. Heute nutzen wir die Zeit anders und genießen jede gemeinsame Minute mit dem Partner – auch im Bad.

In Haushalten mit zwei Einkommen (und manchmal auch Kindern) wird das Bad zu einem neuen Ort der Zweisamkeit, in dem Paare einige ungestörte Minuten abzweigen können. Der Sundowner wird im 21. Jahrhundert durch den Plausch im Bad abgelöst. Eine Freundin erzählte, sie könne sich mit ihrem Mann nur unterhalten, während er duschte – weil er dann ausnahmsweise still stehe.

Oben links Doppelwaschbecken können sehr modern aussehen und bieten mehr Stellfläche für Badezimmerutensilien als Standardmodelle. Mir gefallen sowohl Zwillings- als auch Trogmodelle mit separaten oder durchgehenden Spiegeln darüber. Schlichte Waschbecken sind meist am günstigsten. Die Form hängt vom Material ab, generell dürfen sie aber nicht zu weit in den Raum vorragen, sonst wird die Benutzung des Spiegels schwierig.

Links Eine große Steinschale auf einem dunklen Holzbrett schmückt dieses Bad in Mailand. Alle Objekte stammen von Boffi. Die Rohre sind in dem unteren Teil der Schale versteckt. Der Holzfußboden, den eine milchig-helle Versiegelung wasserdicht macht, ist mit einem Marmorstreifen eingefasst. Der Bereich unter einem Waschbecken sollte möglichst frei sein.

Oben Ein praktisches, kleines Handwaschbecken in einem winzigen Bad. Es ist durchaus möglich, Armaturen und Sanitärobjekte von verschiedenen Herstellern zu kombinieren. Wenn diese aus unterschiedlichen Ländern stammen, muss man jedoch darauf achten, dass Abstände und Durchmesser der Installationsöffnungen zusammenpassen.

Rechts Das Bad in diesem Pariser Appartement liegt an einem Ende der Wohnung und geht direkt vom Wohnbereich ab – es muss also gästetauglich sein. Das frei stehende Waschbecken hält die Wände frei.

Diese Seite Eine ungewöhnliche Edelstahlspüle mit kreisrunden Becken in einer Pariser Wohnung. Zwei Becken erleichtern es, schmutziges Geschirr und vorzubereitende Lebensmittel zu trennen. Runde Doppelspülen in verschiedenen Größen werden beispielsweise von SieMatic angeboten, Franke produziert eckige Modelle. Im Gegensatz zu anderen Herstellern bieten beide auch Armaturen an, die perfekt zu den Spülen passen. Bei SieMatic ist die Orientierung am Bauhaus-Stil nicht zu übersehen.

Rechts Große rechteckige Spülbecken sind praktisch zum Waschen von Fisch und Gemüse. In dieser von Vincent Van Duysen gestalteten Küche sind sie in eine durchgehende Platte aus mattiertem Marmor eingelassen. Die Chromarmatur stammt von Vola. Marmor und Naturstein sind beliebt, aber teuer. Corian, ein Kompositprodukt aus Acryl und natürlichen Mineralien, ist eine gute Alternative für Arbeitsplatten mit nahtlos integrierten Spülbecken.

Rechts unten Beim Einrichten einer Küche muss man vor allem über die Wasser-, Strom- und Gasversorgung nachdenken. Hier wurde die Wasserinstallation für Küche und Bad gleichzeitig erledigt. Direkt hinter dem Fenster über der Spüle liegt an der gleichen Wand das Waschbecken. Die Rückseite des Kreises ist verspiegelt.

Spülen

Bis ins 19. Jahrhundert hinein war die Küche ein spärlich ausgestatteter Funktionsbereich, in dem man Lebensmittel erhitzte, aber nicht säuberte. Die Griechen und Römer der Antike erfanden das Kochen und Schmoren mit Wasser aus Krügen und anderen Gefäßen. Küchenspülen sind jedoch eine relative Neuheit.

Sofern man keine Einbauküche mit integrierter Spüle wählt, müssen einige Vorüberlegungen angestellt werden. Dabei geht es um Gesamtgröße, Anzahl und Format der Becken und ein Material, das zur übrigen Kücheneinrichtung passt. Heute bestehen die meisten Spülen aus Edelstahl. Keramik und synthetische Materialien sind jedoch auch erhältlich. Auffallend viele attraktive Modelle stammen aus deutscher Produktion, ohnehin haben deutsche Küchendesigner weltweit einen sehr guten Ruf.

Manche Modelle bieten ein großes und ein kleineres Becken, andere sind mit integrierten Sieben ausgestattet. Passende Abdeckplatten, die als Arbeitsfläche genutzt werden können, sind in kleinen Küchen sehr praktisch. In einer großen Küche sollte man zwei Spülbecken den Vorzug geben. Arbeitsplatten mit nahtlos integrierten Spülbecken lassen sich leicht sauber halten. Auch das Angebot an Wasserhähnen ist riesig. Besonders praktisch sind hohe Wasserhähne oder ausziehbare Brauseköpfe.

Ein ganz neues Konzept ist die »Wasserstation« von Rieber, ein hüfthohes Küchenelement mit bis zu vier Becken. In größeren Küchen könnte es sich durchsetzen.

Wärme

Der außergewöhnliche Nutzen von Feuer fasziniert Menschen von Kindesbeinen an, ebenso aber auch seine Gefahr. Ein gewöhnliches Feuer ist eine heftige chemische Reaktion von Sauerstoff mit Kohlenstoff, bei der Hitze, Flammen und Licht erzeugt werden. Dieser Prozess, bei dem die Verbindung der beiden Elemente Gase erzeugt, die wiederum Hitze und Flammen generieren, ist die Grundlage der meisten modernen Produktionsmethoden und Transportmittel – und auch älterer, man denke nur an die Bilder der Heizer vor den gewaltigen Dampfkesseln der *Titanic*. Letztlich hat er die Ausbreitung der Menschen auf der Erde ermöglicht.

Erstaunlicherweise gibt es noch immer Völker, für die das Erlöschen ihres Feuers ein beträchtlicher Verlust ist. Einige Bewohner Papua-Neuguineas haben keine Möglichkeit, ein Feuer zu entfachen und hüten darum schwach glimmende Holzkohle in ihren Hütten. Erlischt die Glut, müssen diese Küstenbewohner in die Berge gehen, um Menschen zu finden, die Feuer entzünden können. Dann kehren sie mit brennenden Kohlen zurück. Auch einige australische Aborigines legen lieber weite Strecken zurück, um Feuer zu holen, weil sie es als große Mühe betrachten, es selbst zu entfachen.

In unserer modernen Welt haben wir bezüglich der Raumtemperatur hohe Ansprüche. Wenn wir schwitzen oder frieren, fühlen wir uns nicht wohl. Wir benötigen allerlei aufwändige Heizgeräte, die weit über das einfache, aber sehr reizvolle Feuer hinausreichen.

Feuer

Der griechischen Sage zufolge brachte Prometheus das Feuer zur Erde, nachdem er eine Fackel am Sonnenwagen entfacht hatte. Auf den Cook-Inseln bei Neuseeland sagt man, der Polynesier Maui habe das Feuer von einem Besuch in der Hölle mitgebracht, wo er gelernt habe, zwei Stöcke aneinander zu reiben. In vielen Kulturen wird der »Feuerbringer« als Held betrachtet. Der zeitweise Verlust des Feuers spielt in der katholischen und der griechisch-orthodoxen Kirche eine Rolle: Während der Passionswoche werden alle Kerzen gelöscht, danach wird ein »neues Licht« entzündet, das ein Jahr lang allen übrigen Kerzen Feuer spendet. Der Verlust des Feuers gilt seit jeher als Tragödie.

»Es gibt definitiv kein Volk mehr ohne Feuer ... Ehe der Mensch das Feuer besaß, konnte er kaum als Mensch gelten«, formulierten W.G. Sumner und A.G. Keller 1927 in ihrem Artikel »The Science of Society«. Doch wie kann man das Feuer besitzen? Die Menschen verehrten das Feuer, lange ehe sie es selbst entzünden konnten. Sie nutzten Brandherde von Blitzeinschlägen, Vulkanausbrüchen und Lawinenreibung. Und sie erkannten bald, dass es von großem Nutzen war, um wilde Tiere zu vertreiben, Nahrung zu garen und sich zu wärmen.

Vorige Seite Beim Bau eines Kamins für ein echtes Feuer kommt es vor allem auf die Luftzufuhr an. Einige Modelle haben eine Zugtechnik, die Luft von außerhalb des Gebäudes ansaugt, statt aus dem Raum selbst. Relativ neu sind Gaskamine als saubere und effiziente Alternative.

Unten Der Marmorkamin, der zur Originaleinrichtung des Stadthauses aus den 1860er Jahren gehört, strahlt Solidität und Klarheit aus. Heutige Kamindesigner entwerfen meist schlichtere Modelle. Doch wenn man ein so edles Stück in funktionsfähigem Zustand vorfindet, sollte man es nutzen.

Rechts Christian und Carolyn van Outersterp, das Ehepaar hinter dem Logo CVO, haben ein Modell aus ihrer eigenen Kollektion in den viktorianischen Kamin ihres Hauses gestellt.

Ganz rechts Holzöfen gibt es in vielen Formen, auch die Auswahl an Gasöfen ist groß. Thermocet produziert Typen, die mit Erdgas oder Flaschengas betrieben werden können, während Piazzetta ultramoderne Designs anbietet. Solche Öfen strahlen über ihre gesamte Oberfläche Wärme ab. Dieses Modell der englischen Firma Norfolk Stoves ist ebenso originell wie effizient.

Gegenüber, oben links In der Wohnung der Gründer des Unternehmens CVO befindet sich auch dieser zwei Meter hohe »Wellen«-Kamin aus Gussbeton mit einer Oberfläche aus Portland-Stein Das Schutz-Rollo besteht aus Edelstahl.

Gegenüber, oben rechts CVO produziert Kamine aus verschiedenen Materialien, darunter Bleikristall, Gusseisen, Bronze und Beton. Dieser Küchenkamin ist mit einer vorspringenden Platte aus grünem Rio-Verde-Schiefer aus Brasilien ausgestattet, in deren ausgehöhlter Mitte ein Grill eingelassen ist.

Gegenüber, unten links Der Schlafzimmerkamin »Slit and Slab« von CVO wirkt fast wie eine Collage. Winzige Flammen tanzen auf einer Mikrofaser, die von den Ingenieuren des Space Shuttle entwickelt wurde.

Gegenüber, unten rechts Moderner Landhaus-Chic mit Fußbodenheizung unter einem Belag aus Harz und Kieseln und einem rustikalen Holzofen. Die Räume sind mit Paneelen isoliert, die mit einer transparenten Glasfaserschicht überzogen sind.

Diese Seite, oben links Van Duysen hat für die Brüsseler Wohnung einen Kamin entworfen, der nur eine Nische auf Bodenniveau ist. Er wird mit Gas beheizt. Solche Modelle werden von der Platonic Fireplace Company hergestellt.

Diese Seite, oben rechts Nachdem die Zentralheizung Kamine kurzzeitig verdrängt hatte, kommen sie nun wieder in Mode – und mit ihnen Feuerkörbe, Funkenschutzgitter und Kaminbesteck.

Dies Seite, unten Die »Firebowl« ist das Markenzeichen von CVO. Sie wurde mit verschiedenen Designpreisen ausgezeichnet und ist im Victoria and Albert Museum in London zu bewundern. Es gibt sie in vielen Formen und Materialien (hier Beton) zum Betrieb mit Holz, Kohle oder Gas. Dies ist ein Gasmodell (siehe auch Abb. S. 157, links).

Heizkörper

Menschen fühlen sich am wohlsten, wenn ihre Füße wärmer oder mindestens ebenso warm sind wie ihr Kopf. Also sollte man zuerst den Boden isolieren und dann eine Heizung installieren, die diesen entweder direkt heizt oder auf Bodenniveau Wärme abgibt. Man unterscheidet zwischen Konvektions- und Strahlungswärme, für gemäßigte Klimazonen empfiehlt sich eine Kombination beider Typen. Denkbar sind Standardheizkörper, Fußboden- oder Deckenheizungen und dazu eine Strahlungs-Wärmequelle (elektrisch oder Feuer mit Gas, Kohle oder Holz) für starke Kälte.

Die Oberfläche eines Heizkörpers muss auf das Raumvolumen abgestimmt sein. Die Wärmeabgabe von Heizkörpern variiert je nach Typ, generell liefert ein einzelner Heizkörper aber deutlich weniger Wärme als gleichmäßig um den ganzen Raum verteilte »Fußleisten-Heizkörper« mit exakt gleicher Oberfläche. Damit alle Bereiche des Raums angenehm warm sind, sollte man Zugluft vermeiden und die Fenster gut isolieren, ohne jedoch auf regelmäßiges Lüften zu verzichten.

Wer eine Warmluftheizung wählt, sollte dazu einen Luftbefeuchter installieren, weil die trockene Luft Haut und Augen reizen, Möbel und Kunstgegenstände schädigen sowie Holztäfelungen zum Schrumpfen bringen kann. Lauwarme Heizkörper verursachen weniger Schaden als heiße – ein weiterer guter Grund, die Wärmequellen zu verteilen.

Gegenüber, oben links Wenn man sich die Sortimente moderner Heizkörperhersteller ansieht, kommt man aus dem Staunen nicht heraus. Aestus bietet attraktive Formen an, die in viele Räume passen, etwa das Modell »Demitour Papillon« in Form einer Schleife. Von Caradon Stelrad stammt das System »Optica«, mit Handtuchstange und integriertem Regal. Myson nennt seine Heizkörper treffend Handtuchwärmer.

Gegenüber, unten links Auf eine Handtuchstange kann man nicht verzichten. Neben so schlichten Leiterformen gibt es auch Modelle mit mehr Sprossen und anderen Formen. Die meisten Firmen bieten mindestens sechs Größen an. Im Bad sind elektrische Heizkörper sinnvoll, die auch Wärme spenden, wenn die Zentralheizung im Sommer abgeschaltet ist.

Gegenüber, unten rechts Ein hinreißendes Bad mit bodenebener Dusche und einer doppelflügligen Tür, die in den Garten führt. Hier fühlen sich auch Pflanzen sehr wohl. Die Platte des Waschtisches ruht auf einem pfiffigen Heizkörper aus Chrom. Solche Lösungen sind praktisch, wenn wenig Wandfläche zur Verfügung steht oder sie nicht durch Heizkörper verstellt werden soll.

Diese Seite In einer von Marina Frisenna gestalteten Wohnung in Belgien dienen die Heizkörper als Element der Wandgestaltung. Manche nehmen, wie das abgebildete Modell, zwei Drittel der stattlichen Wandhöhe ein, doch immerhin ist auch der zu heizende Raum sehr groß. Eine Zeit lang versteckte man Heizkörper in Nischen oder hinter Verkleidungen, was ihren Heizwert jedoch reduzierte. Thermostatventile ermöglichen die individuelle Einstellung der Wärmeabgabe jedes Heizkörpers.

Licht

Ohne Wärme und Wasser können wir nicht überleben. Das Feuer wärmt, sorgt aber auch für Licht (und Blickfang). Natürlich kamen die Menschen mit Kerzen und Gaslaternen zurecht, ehe Thomas Edison die Glühbirne erfand. Doch weil wir neugierig sind, haben wir inzwischen auch die Auswirkungen von Licht auf den Menschen erforscht. Was früher Novemberdepression hieß, nennen wir heute SAD (Seasonal Affective Disorder) und wissen, dass es sich um ein biologisches Ungleichgewicht im Hypothalamus handelt, das durch das fehlende Sonnenlicht im Winter verursacht wird. Nun können wir also erklären, warum die trübe Jahreszeit auf die Stimmung drückt. Wir wissen, dass der Mensch fototrop ist und auf das Licht zugeht. Die Forschung hat uns auch gelehrt, dass das Licht unser Leben und unsere Raumwahrnehmung auf vielerlei Weise beeinflussen kann.

Die meisten Informationen über unsere Umwelt nehmen wir über die Augen auf. Darum hat eine adäquate Beleuchtung im Alltag so große Bedeutung. Wir müssen uns damit beschäftigen, wie das Auge auf Lichtreize reagiert. Es ist gut, diesem recht komplizierten Thema etwas mehr Zeit zu widmen. Beim Gestalten einer Wohnung muss man bedenken, dass die Menge von Details, die das Auge wahrnimmt, in direktem Zusammenhang mit den Lichtverhältnissen steht. Um beispielsweise kleine Schrift zu lesen, braucht man helles Licht. Weil aber die Theorie ein wahres Minenfeld ist, brauchen wir professionelle Hilfe. Wirklich effektive Beleuchtungssysteme sollten von einem Fachmann installiert werden. Ist ein Konzept entwickelt, hat der Hausbesitzer die Aufgabe, Lampen, Schalter und sonstiges Zubehör auszuwählen. Bei der Auswahl anderer Elemente der Wohnung muss bedacht werden, dass auch die Wirkung von Farben stark durch das Licht beeinflusst wird.

Vorige Seite David Weeks Lichtinstallation in Brooklyn besteht aus Stehlampen, modernen Kronleuchter-Interpretationen und Wandlampen, die an die Entwürfe von Serge Mouille erinnern. Die Arme der dekorativen Deckenbeleuchtung lassen sich in alle Richtungen schwenken und drehen, die Einzelleuchten können aufwärts und abwärts gerichtet werden.

Rechts Lampen des Designers Michele de Lucchi aus mundgeblasenem Glas, entworfen für Produzione Privata. Es gibt sie auch in satiniertem und versilbertem, grünem und milchigem Glas. Die klaren Hängelampen namens »Acquatina« sehen in Gruppen am schönsten aus.

Gegenüber, oben links Ein drehbarer Strahler wirft in der Küche einen klaren Lichtstrahl auf die Arbeitsfläche. Das ideale Arbeitslicht wird von verschiedenen Faktoren bestimmt: Winkel, Farbton und räumliche Verteilung auf den direkten Arbeitsbereich und die weitere Umgebung.

Gegenüber, oben rechts Deckenfluter werfen ein diffuses Licht und lassen Räume höher wirken. Sie können am Boden, in Tischhöhe oder an der Wand installiert werden und eignen sich vor allem für Flure und Treppenhäuser. Bei Wandlampen ist die Verteilung des Lichtkegels oft unregelmäßig. Sie eignen sich nicht für Räume mit weniger als 2,50 Metern Deckenhöhe, sofern man nicht auf eine gleichmäßige Lichtintensität achtet.

Gegenüber, unten Poul Henningsens Entwürfe basieren auf einer genauen Analyse der Funktion von Lampenschirmen. Größe, Form und Position der Lamellen beeinflussen Licht und eventuell Blendwirkung. Neuauflagen seiner Modelle »Louvre«, »Kugle« und »Artichoke« werden von Louis Poulsen angeboten. Originalstücke – wie hier im Bild – haben beträchtlichen Sammlerwert.

Lampen

Was ist der Unterschied zwischen Licht und Leuchte? Für mich bezeichnet Licht eine feste Größe, einen unveränderlichen Bestandteil der Beleuchtungsinstallation, während eine Leuchte beweglich ist. Sie kann Stimmungslicht erzeugen. Eine Ausnahme bildet die Schreibtischlampe, bei der ebenfalls die Funktion im Vordergrund steht.

Licht beeinflusst unsere Wahrnehmung von Form, Farbe und Textur. Helligkeit schafft Kontraste. Um mit Kontrasten zu spielen, muss man vor allem die Wirkung des Lichts auf die Oberflächen beobachten – zuerst Wände und Fußboden, dann andere Flächen. Ein schlecht beleuchteter Raum kann verzerrt wirken, während geschickte Beleuchtung den Raumproportionen schmeichelt.

»Möbel, Stil, Teppich – verglichen mit der Position der Beleuchtung sind solche Faktoren nebensächlich. Es ist nicht teuer, einen Raum korrekt auszuleuchten, doch es verlangt Kultur«, formulierte der dänische Designer Poul Henningsen (1894–1967). Er war der erste Beleuchtungsexperte des 20. Jahrhunderts und brachte als Verkörperung seiner Theorie 1924 seine Leuchte »PH« auf den Markt. Ihr Schirm bestand aus vielen Lamellen, die die Birne verdeckten und gleichzeitig die Lichtstrahlen durchließ, ohne sie mehr als einmal zu reflektieren. Neben der Deckenleuchte gab es auch Tisch- und Stehleuchten, deren Inneres rot lackiert war, um das Licht weicher zu machen. Das Licht wurde auch in den Raum gestreut, sodass beispielsweise der Kontrast zwischen dem Raum und einem Tisch nicht zu hart wirkte. Henningsens Leuchten hingen zunächst in öffentlichen Gebäuden und Büros, ehe sie den Weg in Privatwohnungen fanden.

Gegenüber, oben links Eine Low-Tech-Lösung sind die beiden Lampenschirme aus Korbgeflecht, die ein warmes Raumlicht spenden. Sie wurden in Thailand für Assiatide hergestellt.

Gegenüber, oben rechts Dieser Ankleideraum bekommt Pfiff durch die knallblaue Neonbeleuchtung. In manchen Büros wird viel Elektrizität durch veraltete Leuchtstoffröhren verschwendet, die teilweise nur 15% der Energie in Licht umwandeln.

Diese Seite, oben links Diese Deckenstrahler stammen von Modular Lightning in Belgien. Nachts macht sich die Decke buchstäblich unsichtbar, tags wirkt die Installation durch die auffälligen Kabel wie moderne Kunst.

Diese Seite, oben rechts Das menschliche Auge kann sich verschiedensten Lichtverhältnissen anpassen, doch nicht gleichzeitig. Diese Strahler werden mit einem Dimmer reguliert, um sie verschiedenen Tageslichtintensitäten anzupassen.

Gegenüber, unten links Sanftes Raumlicht geht von den beiden kantigen Lichtsäulen aus. Lampenpaare werden gern eingesetzt, um einen Durchgang zu kennzeichnen oder einem Raum einen symmetrischen Blickfang zu geben.

Gegenüber, unten rechts Bauhaus-Lampen sind eines der ersten Beispiele für unkonventionellen Einsatz von Leuchtstoffröhren. Hier prägen solche Röhren den Stil eines Waschplatzes.

Diese Seite, unten links Abwärts gerichtete Strahler sind um 10–20% effizienter als Deckenfluter. Ihre klaren Lichtkegel eignen sich gut für ein Treppenhaus.

Diese Seite, unten rechts Die Intensität des Tageslichts sollte man nicht unterschätzen. Der englische Architekt Sir John Sloane (1753–1837) setzte Kuppeln und Oberlichter aus farbigem Glas ein, um das kühle Licht Nordeuropas zu erwärmen.

Leuchten

Wer eine neue Einrichtung plant, denkt vielleicht an die Beleuchtungsinstallation, den Aufwand, die Musikanlage, aber selten an kleine Leuchten. Das kommt erst viel später, wenn man sich erschöpft mit einem steifen Drink in der Hand auf das neu aufgelegte Eileen-Gray-Sofa fallen lässt. Wenngleich ich als Beleuchtung die fest installierten Elemente und als Leuchten die beweglichen bezeichnet habe, mache ich eine Ausnahme. Dekorative Wandleuchten betrachte ich als Leuchten, vor allem, wenn sie mehr zum Ansehen als zum besseren Sehen dienen. Generell aber wird man Leuchten auf Tischchen in gemütlichen Ecken finden, wo sie Möbel – und Menschen – zu Gruppen verbinden. Ich finde es wenig sinnvoll, sie auf das Kaminsims zu stellen, weil bei Dunkelheit das Feuer für stimmungsvolles Licht sorgt, während der Raum tagsüber durch das Tageslicht ausgeleuchtet sein sollte.

Prinzipiell gibt es zwei Möglichkeiten, einen Raum auszuleuchten – entweder durch gleichmäßiges Licht, das den Effekt des Tageslichts simuliert, oder durch Schaffung von dekorativen oder funktionellen Lichtinseln. Die erste Lösung kann beeindruckend wirken, oft aber auch kalt und nüchtern. Ich finde es geschickter, verschiedene künstliche Lichtquellen fantasievoll im Haus zu verteilen, vielleicht auch feste und bewegliche Leuchten zu kombinieren. Und ich stimme auch Poul Henningsen zu, der sich »der Idee einer stetig zunehmenden Nachfrage nach immer höherer Lichtintensität« nicht anschließen konnte.

Gegenüber, oben links Frédéric Méchiche hat mit dieser »gerahmten« Leuchte ein sehr geometrisches Modell entworfen. In Frankreich liegen kantige, würfelförmige Modelle derzeit stark im Trend.

Gegenüber, oben rechts Diese hübsche Lichterkette lebt durch ihre Verbindungen. Die erste Glühlampe entwickelte der Hannoveraner Uhrmacher Heinrich Goebel, der nach New York emigriert war. 1854 brachte er in einer vakuum-versiegelten Parfümflasche eine verkohlte Bambusfaser zum Glühen. Da es seinerzeit kein Elektrizitätsnetz gab, konnte er damit nur das Schaufenster seines eigenen Geschäfts beleuchten.

Gegenüber, unten Der Franzose Jacques Adnet wurde mit seinen gesteppten Lederaccessoires bekannt, die er in den 1940er und 1950er Jahren für Hermès entwarf – nicht nur Leuchten, sondern auch Tische, Schreibtische und Garderobenhaken.

Oben Attraktive Tischleuchten schmücken das Haus von Ralph Pucci im Staat New York. Seine Firma vertritt die Lichtdesigner Chris Lehrecke (schlanke Holzmodelle), Christophe Delcourt (wuchtiges Metall), John Wigmore (Beleuchtungsinstallationen) und David Weeks (weiche Metallformen).

Oben rechts Klassiker sind zeitlos, darum kann man bedenkenlos Altes und Neues kombinieren. Alte Leuchten lassen sich mit einem modernen Schirm aufpeppen. Schlichtes Schwarz sieht immer edel aus, solange der Schirm weit genug ist, um ausreichend Licht austreten zu lassen.

Rechts Diese ungewöhnlichen Wandleuchten bestehen aus Pergament, das aus Ziegen- oder Schafshaut hergestellt wurde. Vellum (feinere Haut), Pergament und Papier eignen sich ausgezeichnet zum weichen Streuen von Licht.

Diese Seite Eine alte Industrieleuchte aus poliertem Nickel ist an der Wand befestigt und kann nach Bedarf zum Lesen im Bett genutzt oder auf den Beistelltisch gerichtet werden. Ähnliche Modelle findet man in vielen trendbewussten Secondhand-Läden. Diese stammt von Wyeth im New Yorker Stadtteil Soho.

Gegenüber, oben links Die beiden kleinen Leuchten über dem Bett wirken wie eine Mischung aus Leselampe, Wandlampe und Taschenlampe. Man assoziiert sie mit modernen Hotelzimmern, doch sie eignen sich auch, um in einem reduzierten viktorianischen Ambiente einen modernen Akzent zu setzen.

Gegenüber, oben rechts Traditionelle Schreibtischleuchten wie dieses Modell mit ihrem Gegengewicht sind gelegentlich auf Trödelmärkten zu finden. Die berühmte »Anglepoise« wurde 1933 von dem Automobilingenieur George Carwadine entworfen und von Herbert Terry hergestellt. Sie ist menschlichen Gliedmaßen nachempfunden, Federn ersetzen die Muskeln.

Gegenüber, unten links Die Lampe »Duplex« aus gebürstetem Edelstahl mit einem Papierschirm wurde von Andrée Putman für Ecart International entworfen. Die standfeste Stehlampe gibt ein schönes Stimmungslicht und ergänzt hier die Sitzgruppe einer von Bruce Biermann entworfenen Wohnung in New York. Ecart-Lampen sind über Pucci International zu beziehen.

Gegenüber, unten rechts Artemides Klassiker »Tolomeo« ist einer der Favoriten von Innenarchitekten. Sie ist leicht und lässt sich vielfach verstellen. Neben dem hier gezeigten Standmodell gibt es auch Tischleuchten mit Fuß oder Klemmhalterung sowie Wandmodelle. »Tolomeo« wurde 1987 von Michele de Lucchi und Giancarlo Fassina entworfen.

Stauraum

Die beiden Amerikanerinnen Emily Dickinson (1830–1886) und Gertrude Stein (1874–1946) waren Vorreiterinnen der modernen Lyrik und Prosa, dennoch finden ihre Werke bis heute nicht die Anerkennung, die ihnen zustünde. Dickinson lebte zurückgezogen, kaum wahrgenommen von den Zeitgenossen. Die meisten ihrer Gedichte blieben zu ihren Lebzeiten unveröffentlicht und wurden erst nach ihrem Tod in Kästen und Schachteln gefunden. 1862 beschrieb sie ihr Lebensgefühl in einem Gedicht: »Sie sperrten mich in Prosa ein. Als ich ein kleines Mädchen war, sperrten sie mich in den Schrank, weil sie mich ›trotzdem‹ mochten.«

Stein dagegen war eine einflussreiche Patronin der Künste. Sie blühte unter Menschen auf und genoss ihren literarischen Ruhm. Beeinflusst von Cézanne, Picasso und dem Kubismus versuchte sie, Worte für visuelles Erleben zu fassen. Ihre Gedichte erinnern an lockere Collagen über das Leben und die Menschen.

Beide Frauen hinterfragten die Starrheit der Grammatik, die die Freiheit des Ausdrucks durch reglementierte Satzstrukturen einengt. Was Dickinson jedoch als Einengung auf vielen Ebenen empfand, betrachtete Stein als generelle Einengung der Frauen ihrer Zeit. Ich meine, Bewegung ist besser als Stillstand. Und ich finde auch, den Beweis von Begabung darf man nicht in Kästen verstauen.

Die meisten beweglichen Dinge in einem Haushalt brauchen einen Platz. Ein Zuhause spiegelt Lebensstil, Gewohnheit und Wesen der Bewohner, und wir können uns heute glücklich schätzen, dass wir ohne Furcht vor moralischen Einwänden unseren eigenen Lebensstil pflegen können. Es gibt keine »richtige« Art, seine Wohnung zu gestalten oder sein Leben einzurichten.

Schränke verbergen unser Alltagszubehör – manche leben mit mehr Gepäck als andere. Meine Mutter präsentiert ihre Schätze auch gern auf Tischen und Schränken. Da stehen Tintenfässer aus buntem Glas, Döschen und Kästchen – das Haus ist voller Antiquitäten und Rüschen. Mein Haus ist schlichter. Nur in den Schränken sieht man Dinge in mehrfacher Ausfertigung: frisch gewaschene Handtücher (dunkelgrün), feine Laken aus ägyptischer Baumwolle mit Hohlsaumkanten (weiß), Gläser (einheitlich) und weißes Porzellan mit Goldrand, absichtlich zusammengesammelt. Keiner der beiden Stile ist richtig oder falsch. Ein elegantes Ambiente entsteht nicht nur dadurch, was man besitzt, sondern auch dadurch, wie man es aufbewahrt.

In unseren Haus gehört der Fernseher hinter Schranktüren, das Spielzeug ins Kinderzimmer – größtenteils in einen Wandschrank in dem offen gestalteten Zimmer der Jungens im ersten Stock. Im Souterrain haben wir ein papierloses Büro. Ich träume vom drahtlosen Haus der Zukunft, aber bis dahin sind selbst unsere Kabel versteckt und verkleidet.

Der erste Schritt beim Gestalten von Stauraum ist ein gründliches Aussortieren der Besitztümer. Wer neue Gewohnheiten einübt, wird künftig vermeiden können, dass sich Krimskrams ansammelt. Im Bad ist die Stauraumfrage weniger kompliziert als in anderen Bereichen, vor allem in der Küche müssen sehr viele Aktivitäten berücksichtigt werden. Bücher sollte man übrigens nie hinter Glas aufbewahren: sie sollten stets greifbar sein und auch atmen können. Das Ordnen der Habseligkeiten kann durchaus eine kreative oder sogar spirituelle Angelegenheit sein. Platz ist knapp, Technologie nimmt immer mehr Raum ein. Früher ging es darum, Dinge bis zum Gebrauch zu verstauen. Heute müssen wir jederzeit zugänglichen Stauraum für Geräte wie Fernseher, Computer und Stereoanlage schaffen. Niemand will den Fernseher täglich aus seinem Schrankfach holen. Statt dessen brauchen wir ein Schrankfach, in dem das Gerät ständig stehen und benutzt werden kann. Gute Stauraumlösungen verringern Stress und Reibung im Alltag.

Gegenüber Hier bietet eine nach Maß in eine Nische eingebaute Schrankwand aus Ahorn- und Kirschbaumholz viel Platz für einen großen Fernseher (mittlere Tür), DVD-Player, Satellitenempfangsanlage, Stereoanlage samt Steuergeräten für die Musik im Außenbereich sowie Sofadecken.

Links Ein frei aufgehängtes Schrankelement mit verglasten Stirnseiten, die abends beleuchtet werden, passt perfekt zum Stil dieses modernen Esszimmers in einer Londoner Wohnung.

Oben Eingebauter Stauraum kann in Nischen gesetzt werden, aber auch eine ganze Wandfläche einnehmen. Wer nicht die gesamte Wand mit Türen bedecken möchte, kann offene Fächer für Bücher und dekorative Stücke einplanen.

Oben links Manche Gegenstände verlangen speziellen Stauraum. In diesem würfelförmigen Element verbirgt sich ein Fernseher, der auf einer Drehscheibe steht und so von verschiedenen Positionen im relativ kleinen Raum benutzt werden kann.

Freizeit

Im Wohnzimmer überschneiden sich die Grenzen von Stauraum und Präsentation. Hier möchte man auch zeigen, was man besitzt. Es geht also darum, all die Utensilien für Unterhaltung und Entspannung so zu verstauen, dass sie den Raum nicht dominieren und seinen Stil bestimmen. Die Aufteilung des Hauses spielt für die Stauraumlösungen eine wichtige Rolle. Ist eine Bibliothek vorhanden, braucht man keine Bücherregale im Wohnzimmer. In einer offenen Wohnung muss vielleicht Platz für ein Sideboard, ein Telefontischchen, eine Minibar oder ein Kombinationsmöbel gefunden werden. Wichtig ist, dass die Stauraumlösungen zum Bau- und Einrichtungsstil der Wohnung passen, die optische Wirkung eines Raums nicht abwerten oder seine Funktion stören. Bei der Planung von Stauraum für einen bestimmten Bereich sind immer drei Schlüsselbegriffe zu berücksichtigen: Ausgewogenheit, Maßstab und Perspektive.

Truhen und Kisten gelten zwar als bewegliche Stauraumlösungen, doch gefüllt sind sie oft nicht mehr zu heben. Zudem nehmen sie viel Stellfläche ein. Geschickter ist es, man nutzt die Höhe eines Raums und spart so wertvolle Bodenfläche. Praktisch können Möbel mit integriertem Stauraum sein, etwa ein Couchtisch mit einer Schublade unter der Platte, in der man auf die Schnelle eine Zeitung

oder Zeitschrift verstauen kann (sofern man sie dort nicht vergisst). Grundsätzlich sind größere Stauraummodule aber praktischer und vor allem Wohnungen mit offenem Grundriss sehr sinnvoll. Einbauelemente, die nach Kundenwunsch gestaltet werden, sind oft teuer. Der Preis hat jedoch seine Berechtigung, wenn sie von qualifizierten Handwerkern gebaut und für eine lange Lebensdauer konzipiert sind. Frei stehende Möbel können andererseits durchaus dekorativ sein oder den Raum geschickt gliedern, etwa ein rechtwinklig zur Wand aufgestelltes Bücherregal als Abgrenzung eines Arbeitsplatzes.

Vor dem Einbau von Schränken muss feststehen, was darin verstaut werden soll. Einerseits sollen beispielsweise Fernseher oder Stereoanlage so in ihre Fächer passen, dass wenig Platz verschwendet wird. Andererseits geben Elektrogeräte Wärme ab und brauchen ausreichende Frischluftzufuhr – folglich müssen Lüftungslöcher vorhanden sein. Die Maßangaben solcher Geräte schließen den Platzbedarf der Kabel, der beträchtlich sein kann, nicht ein. Erkundigen Sie sich im Zweifelsfall beim Elektriker nach den Erfordernissen. Je nach Art der gewählten Türen muss zusätzlicher Platz zum Öffnen eingeplant werden, seitlich bei Schiebetüren, vor dem Schrank bei Klapptüren. Sorgfältige Überlegungen und genaues Maßnehmen sind unerlässlich.

Oben Ein Büro mit Werkstattbereich ist die ideale Lösung für ein Paar, das Unmengen Bücher zu Kreativthemen besitzt. Im formaleren Wohn- und Medienbereich des Hauses sind die Gläser- und Filmsammlungen untergebracht.

Rechts Regale in Nischen sind praktisch, weil sie den Raumgrundriss kaum verändern. Derzeit liegen Regalsysteme mit einheitlichen Fachgrößen im Trend, andererseits können die Lücken, die durch Bücher unterschiedlicher Größe darin entstehen, ungeschickt aussehen.

Gegenüber Regale mit senkrechten Unterteilungen halten Bücher aufrecht und schützen zerbrechliche Gegenstände. In Erdbebenzonen sowie in der Nähe von Flughäfen und Bahnlinien sollte man empfindliche Kunstgegenstände mit Bändern sichern. Für kleinere Stücke reicht doppelseitiges Klebeband oder eine spezielle Klebemasse aus, die für Glasböden auch in transparenter Form erhältlich ist. Gummimatten verhindern das Verrutschen des Regalinhalts.

PATRICK DEMARCHELIER
Arts d'Afrique

Oben links Manche Schränke, etwa dieses Einbaumodell in Paris, fassen mehr als nur Kleidung. Hier verrät nur der Teppich, der für Wärme unter nackten Füßen sorgt, dass sich hier der Ankleidebereich befindet. Der nach Maß gebaute Schrank scheint zwischen Decke und Boden zu schweben. Die Textur der Türen trägt zu seiner ungewöhnlichen Wirkung bei.

Oben Mitte Schiebetüren sparen in engen Räumen viel Platz. Nutzen zwei Personen einen Ankleideraum, sollte jeder einen klar definierten Bereich für seine Kleidungsstücke haben. Im Idealfall wird alles so angeordnet, dass sich das Öffnen und Schließen von Türen auf ein Minimum beschränkt.

Oben rechts In diesem viktorianischen Stadthaus wurde eine gerundete Wand im Stil der 1930er Jahre eingezogen. Vorhänge sind preiswert und sehen in diesem Fall stimmig aus. Leichte, mit Stoff verhängte Regale können jedoch einen Schrank weder in praktischer noch in optischer Hinsicht ersetzen.

Unten links So schön kann ein simpler Schrank sein. Die Front besteht aus vier schlichten, zusammengesetzten Dielen. Antike Kleiderschränke sind für heutige Schulterbreiten oft nicht tief genug.

Unten Mitte Diese Schranklösung ist ideal für geräumige Wohnungen. Jedes Stück hat seinen Platz, alles ist aufgeräumt und übersichtlich. Eine so perfekte Ordnung muss man nicht unbedingt hinter Türen verstecken.

Unten rechts Ein klassischer Kleiderschrank nimmt eine ganze Wand ein. Im Inneren befinden sich Fächer verschiedener Höhen sowie Schubladenelemente. Pullover nehmen zusammengefaltet weniger Platz ein als auf dem Bügel, darum sollten ausreichend Fächer für liegende Kleidungsstücke vorhanden sein.

Kleidung

Wir besitzen heute viel mehr Kleidung als frühere Generationen: Arbeitskleidung, Bürokleidung, Freizeit- und Sportkleidung. Weil obendrein die Längen der Stücke sich unterscheiden, brauchen wir angepassten Stauraum. Durch meine langjährige Tätigkeit in der Gestaltung von Ladeneinrichtungen ist mir vertraut, wie wandelbar Schränke sein müssen. Außerdem sind die Jahreszeiten zu bedenken, und damit die Frage, ob man die ganze Garderobe oder Teile davon saisonal austauscht – und wann. Ideal ist ein Ankleidezimmer oder ein begehbarer Schrank, ein teilweise verspiegeltes Versteck, aus dem man perfekt gestylt ans Licht tritt. Im wirklichen Leben müssen die meisten Menschen ihre Kleidung jedoch im Schlafzimmer, Flur oder Bad unterbringen. Weil zumindest in Privathäusern solche Räume oft im ersten Stock liegen, bietet es sich an, unter der Dachschräge Stauraum zu schaffen oder ungünstige Ecken und Nischen zu nutzen. Kleidung hält einfach länger, wenn sie gut gepflegt und richtig verstaut wird.

In einem perfekt geordneten Kleiderschrank befinden sich Accessoires für den Kopf in Kopfhöhe. Oberteile hängen über Röcken und Hosen. Für Schuhe empfehlen sich hohe, stabile Regale mit kleinen Fächern. Krawatten und Gürtel hängt man am besten seitlich auf, senkrecht in Taillenhöhe, damit man sich nicht bücken muss. Generell sollten alle Kleidungsstücke leicht und ohne unnötige Verrenkungen erreichbar sein.

Diese Seite In der von Bruce Bierman Design gestalteten Küche sind alle Arbeitszonen an einer Wand konzentriert. Der Kühlschrank versteckt sich hinter der Tür rechts der Spüle, nur die Lüftungsschlitze am Boden verraten ihn. Selbst das abgewaschene Geschirr tropft im Verborgenen ab. Die Türen öffnen sich auf leichten Druck.

Gegenüber, oben Rings um das Kochfeld braucht man weniger Stauraum als in anderen Bereichen der Küche. Gasherde erlauben eine feinere Hitzeregulierung als Elektroherde. Sie sollten aus Sicherheitsgründen immer in reichlich Abstand zum Fenster platziert und mit einem Sicherheitsfühler ausgestattet sein, der bei Erlöschen der Flamme die Gaszufuhr unterbricht.

Gegenüber, unten links Hinter verglasten Schranktüren kann sich schönes Geschirr sehen lassen. In modernen Wohnungen werden Geschirr und Gläser oft gar nicht in der Küche aufbewahrt, sondern in Schränken im Essbereich. In dieser Wohnung auf Long Island haben sie jedoch ihren Platz in der Küche, die zum Wohn- und Fernsehbereich hin offen ist.

Gegenüber, unten rechts In der Küche steht die Ergonomie im Vordergrund. In diesem Haus in Hollywood verbergen sich alle Küchenutensilien zwischen den Holz-Schranktüren aus den späten 1950er Jahren.

Küchen

Der Quadratmeterpreis Bodenfläche ist in der Küche am höchsten. Außerdem stehen hier reibungslose Abläufe im Mittelpunkt. Eine schlecht geplante Küche führt fast zwangsläufig ins Chaos. Es macht Sinn, einheitliches Geschirr zu kaufen, ebenso Pfannen oder Töpfe des gleichen Herstellers, denn diese Stücke lassen sich besser stapeln. Schon beim Einkauf der Ausstattung erleichtert Sorgfalt im Detail somit die alltägliche Arbeit. Die Zeiten der Ausstechförmchen und Marmeladengläser sind vorbei. In heutigen Küchen werden hauptsächlich herzhafte Mahlzeiten zubereitet und versierte Köche brauchen selten länger als zwanzig Minuten Vorbereitungszeit für ein Gericht.

Die besten Küchen werden derzeit von namhaften Herstellern wie Bulthaup, Minotti, Tsunami oder Smallbone (ländlicher Stil) angeboten, die für jeden Geschmack Modelle bieten. Mir gefallen Bulthaup-Küchen mit Fronten aus Obstbaumholz (Apfel oder Birne) und Arbeitsplatten aus Edelstahl am besten.

Beim Gestalten der Küche muss zuerst der Platz für Lebensmittel eingeschätzt werden. Dazu gehört der Kühlschrank, aber auch Fächer für Frisch- und Trockenzutaten sowie die Vorbereitungsfläche. Dann folgt der Kochbereich mit Ofen, Kochfeld und seitlichen Abstellflächen für heiße Töpfe und Pfannen. Schließlich müssen Spüle, Spülmaschine und Stauraum für Geschirr bedacht werden.

Oben rechts Architekt Fred Collin hat in London für sich und seine Frau eine Low-Tech-Küche gestaltet, die durch die schlichten, laminierten Schränke unter der Glasplatte dennoch sehr modern wirkt. In Europa liegt die Standardhöhe für Unterschränke und Arbeitsplatten bei ca. 90 cm. Für diffizile Tätigkeiten wie das Dekorieren einer Torte sollte die Fläche höher sein.

Unten rechts Vor der Auswahl der Materialien für die Küche sind einige Hausaufgaben zu machen. Hochwertige Materialien haben eine längere Lebensdauer und einen höheren Wiederverkaufswert. Ob Sie Küchenschränke aus MDF-Platte, laminierter Spanplatte oder Massivholz und Edelstahl wählen, die Inneneinrichtung sollte immer aus Metall bestehen, nicht aus Kunststoff. Auch solide Griffe sind wichtig.

Ganz rechts Architekt Stephen Roberts hat in einer Wohnung in Manhattan zwischen Wohn- und Essbereich Platz für diese Miniküche geschaffen. Weil sie in einem Durchgangsbereich ohne Türen liegt, muss sie immer ordentlich aussehen. Um den Raum nicht optisch zu beengen, wurde auf Hängeschränke verzichtet.

DEKORATIVE DETAILS

Zubehör

Ich hoffe, es ist uns in diesem Buch gelungen, durch Text und Bilder deutlich zu machen, was wir mit Sorgfalt im Detail meinen: einen scharfen Blick auf die sonst eher »großzügig« betrachteten Aspekte des Wohnens. Dabei geht es nicht immer um Details im engeren Sinne, sondern beispielsweise auch um Möbel, die in einem gekonnt eingerichteten Haus durchaus als Accessoires gelten können – ähnlich wie Skulpturen. Das gilt allerdings nicht für Einbaumöbel, die sich diskret im Hintergrund halten. Sorgfalt in Detail auf der grundlegenden Ebene und diese Accessoires sind es letztlich, die einer Wohnung ihren persönlichen Charakter geben.

Die Aufteilung eines Hauses mag darüber Aufschluss geben, wie sich die Bewohner selbst sehen. Ein Besucher gewinnt den ersten Eindruck jedoch oft über die dekorativen Elemente. Diese beiden Aspekte – Selbsteinschätzung und Eindruck auf andere – müssen in Einklang stehen, damit das Gesamtbild nicht gespalten wirkt. Solche Räume vermitteln widersprüchliche Botschaften, und statt Metaphern sollte man lieber Cocktails mixen. Es ist unbedingt anzuraten, sein Zuhause als »Ganzes« zu begreifen und eine umfassende Basis der Gestaltung zu finden. Die kleinen, persönlichen Absonderlichkeiten stellen sich ganz von allein ein. Man sollte vermeiden, eine visuelle Überraschung an die andere zu reihen, sonst entsteht am Ende eine kunterbunte Karnevalskulisse, die zwar kurzfristig witzig aussehen mag, auf die Dauer aber eher anstrengend oder verwirrend wirkt. Auch beim Kauf von Geschenken für das Zuhause von Freunden gilt, dass sie zu den Personen und der Wohnung passen sollten, nicht aber zum Schenkenden und dessen Wohnvorstellungen. Ein solches Geschenk trägt nur einen subtilen Daumenabdruck des Schenkenden und wird, weil es dem Stil der Empfänger entspricht, viel eher einen Ehrenplatz erhalten. Urlaubsmitbringsel sollte man sich unbedingt sparen, denn die eigene Wahrnehmung des Ferienziels wird sich in jedem Fall erheblich von den Vorstellungen des Beschenkten unterscheiden. Natürlich kann niemand aus seiner Haut, doch ich meine, man sollte gelegentlich mit allzu persönlichen Beiträgen etwas hinter dem Berg halten, bis sich später aus einem Gespräch eine bessere Geschenkidee bietet.

Gleichzeitig sollten Sie sich nicht scheuen, vom Durchschnitt abzuweichen, sofern Ihr Stil konsequent ist und Ihre Persönlichkeit ausdrückt. Joseph Addison, Mitbegründer der alten Zeitschrift *The Spectator*, schrieb im Jahre 1714: »Manchmal beweist man ein besseres Urteilsvermögen, indem man von den Regeln der Kunst abweicht statt ihnen zu folgen; und (...) das Werk eines großen Genies, der die Regeln der Kunst nicht kennt, kann mehr Schönheit besitzen als das eines kleinen Geistes, der sie nicht nur kennt sondern sklavisch befolgt.«

Unser erster Eindruck beim Betreten eines Raums wird durch die Farbe geprägt, darum erinnern wir uns beispielsweise an »Nancy Lancasters gelbes Wohnzimmer«, »den roten Speisesaal im Connaught« oder die »Blaue Bar« im Berkeley-Hotel – alle drei in London. Wenn Raum und Beleuchtung ausgewogen sind, nimmt man sie letztlich nicht wahr. Ähnlich wie die Architektur sorgen sie nur dafür, dass eine Umgebung »stimmt«. Auswahl und Anordnung der Möbel dagegen fällt immer ins Auge, ebenso Vorhangstoffe (wenn sie nicht extrem dezent sind), Texturen und – sofern vorhanden – auch dekorative Accessoires.

Im Laufe seines Lebens wird ein Raum mehrfach gefüllt und wieder geleert. In einem gelungenen Raum sorgt die Gestaltung des Volumens selbst schon für eine gewisse Perfektion, indem die Proportionen der Wände ausgewogen sind. Ist ein Raum in leerem Zustand schon schön, sollte er in eingerichtetem Zustand nicht nur schön bleiben, sondern bezaubernd werden.

Möbel

Der englische Dramatiker Noël Coward soll Schauspielern den Ratschlag gegeben haben: »Sprich einfach deinen Text und fall nicht über die Möbel.« Nun sind Bühnenbilder ein Kapitel für sich und Coward mag die Zerbrechlichkeit der Möbel ebenso gefürchtet haben wie unfreiwillige Komik, doch das wirkliche Leben ist oft noch schwieriger. In einer gut durchdachten Wohnung gibt es klare Verkehrswege durch die Räume, die die Möbel umschiffen und Stolperfallen vermeiden.

Ob man 200 Jahre alte Hepplewhite-Möbel aus Salem (Massachusetts) wählt oder sich für Flat-Pack-Möbel aus den 1940er Jahren entscheidet – man sollte immer die Proportionen der Möbel im Raum berücksichtigen. Mit einer Grundrisszeichnung und maßstabsgetreuen, ausgeschnittenen Möbelschablonen ist das ganz einfach. Computerprogramme sind eine raffiniertere Lösung, um Entwürfe für Einrichtungen dreidimensional darzustellen. Die Papiermethode kostet weniger Zeit und Geld und reicht zum Vermeiden von Einrichtungsfehlern völlig aus.

Die berühmte französische Innenarchitektin Andrée Putman sollte einmal für den Speisesaal eines Hotels Stühle entwerfen, deren Lehnen die Köpfe der Gäste überragten, damit diese sich nicht so wichtig fühlten. Diese Rechnung geht aus verschiedenen Gründen nicht auf, folglich lehnte Putman ab. Hohe Stuhllehnen unterbrechen die Sichtfluchten durch den Raum, sie wirken klobig und ungeschickt, ihre Benutzer werden proportional gestaucht. Solche Stühle sind ebenso geschmacklos wie überzogen präsentierte Bilder.

Anders verhält es sich mit übergroßen Sitzmöbeln, bei denen die Proportionen gewahrt bleiben. Generell sollte bei der Auswahl von Sitzmöbeln die Bequemlichkeit im Vordergrund stehen. Und natürlich geben sie dem, was Mongiardino »Wohnlandschaft« nennt, den letzten Schliff.

Tische & Stühle

Tische und Stühle müssen nicht aus der gleichen Kollektion stammen, solange sie in Form und Proportionen gut zusammenpassen. Bei Esszimmerstühlen wird auf sperrige Armlehnen meist verzichtet. Bei Einzelanfertigungen ist es jedoch möglich, Armlehnen zu gestalten, die unter den Tisch passen und benachbarte Stühle nicht behindern. Auch sehr breite Stuhllehnen können unpraktisch sein, weil sie zu viel Platz zwischen den Sitzflächen verschwenden und es erschweren, bei Bedarf zusätzliche Stühle an den Tisch zu stellen.

Auch Tischbeine können allerlei Probleme bereiten. Nicht umsonst hat sich in den 1950er Jahren Eero Saarinens Tisch »Tulip« mit der Mittelsäule so schnell durchgesetzt. Tischplatten auf Klappböcken sind praktisch, weil man sie verstauen kann. Für die Benutzer sind die Böcke jedoch ausgesprochen unbequem. Einfache, runde oder quadratische Tische mit vier senkrechten Beinen an den Ecken (bei runden Tischen in regelmäßigen Abständen am Rand) sind für Familien oder kleine Gruppen immer noch die beste Lösung.

Oben Im gleichen Haus befindet sich diese Küchen-Essgruppe im Stil der englischen Arts-and-Crafts-Bewegung, die gut zu den Shaker-Schränken passt. Die Shaker, eine Untergruppe der Quäker, fertigten schlichte und funktionale, zugleich aber sehr elegante Möbel.

Vorige Seite Ländlich und modern ist kein Widerspruch. In diesem amerikanischen Esszimmer wirken die geraden Linien der Stühle mit Lederbezug durch die neutralen Farben und die warmen Texturen gar nicht streng.

Rechts In den 1950er Jahren erhielten Stühle in Italien ein ganz neues Gesicht. Ursache war ein Nebenprodukt der Autoreifenherstellung: Schaumgummi. Diese Stühle sind ungemein bequem.

Gegenüber Ich habe selten Stühle erlebt, auf denen man so lange so bequem sitzt wie auf diesen Modellen in Mailand. Die Polsterung ist perfekt, ebenso das Höhenverhältnis des Sitzes zum Tisch. Auch der Bezug – hier mit einer glänzenden, praktischen Beschichtung – spielt für Komfort und Aussehen eine Rolle.

Oben Stühle aus gebogenem Metallrohr haben viele Anhänger, weil sie nicht nur bequem, sondern auch leicht sind. Bei diesen Modellen sorgt die gefederte Bespannung für zusätzlichen Sitzkomfort. Die ersten geschwungenen Formen stammten aus Österreich, wo die Brüder Thonet Techniken zum Biegen von Massivholz entwickelten. Ihnen folgen Charles und Ray Eames mit gebogenem Sperrholz.

Links Manche Stühle sind heute Design-Ikonen. Im Vordergrund das Modell »Costes« von Philippe Starck, 1982 für das Café Costes in Paris entworfen. Sie haben nur drei mit stabilen Verstrebungen verbundene Beine, sodass die Kellner »nur noch halb so oft« stolpern. Das Gestell besteht aus lackiertem Stahlrohr, die Lehne aus gebogenem Sperrholz mit Mahagoni-Furnier. Der Sitz hat eine Schaumstoffpolsterung mit Lederbezug.

Oben rechts In diesem viktorianischen Haus in London werden Stile mutig gemixt. Der Esstisch stammt aus den 1930er Jahren, die Stühle aus den 1960ern, der interessante Druck über dem Kamin von Donald Judd. Die Trommelform des Tisches, der zum Essen und Spielen benutzt wird, weist darauf hin, dass es eigentlich ein Dielentisch ist. Möbel aus dem späten 20. Jahrhundert lassen sich gut kombinieren. Hier finden sich Nachkriegs-Stücke aus Dänemark, England und Amerika zusammen.

Rechts An runden Tischen lässt es sich besonders gut plaudern. Dieses Modell stammt von Knoll, die beiden Stühle im Hintergrund von Eames. Viele Designer haben sich mit der Ergonomie von Stühlen beschäftigt, trotzdem gibt es noch viele Möglichkeiten, sie den verschiedensten Stilen und Anforderungen anzupassen.

Sofas & Sessel

Im 17. Jahrhundert begann die Bequemlichkeit des Wohnens eine immer größere Rolle zu spielen. Sieht man sich die gut erhaltenen und restaurierten Räume des Stockholmer Skokloster Palasts (1654–76 von Carl Gustav Wrangel erbaut) oder des Ham House im englischen Surrey (1610 erbaut) an, wird deutlich, dass zu jener Zeit das heutige Wohnverständnis seinen Ursprung hat. Fast klösterliche Strenge stand im Kontrast zu ungezügelter Fantasie, dennoch ist die vorrangige Ausstrahlung behaglich. In Holland zeichnete sich diese Entwicklung schon um 1625 ab, als schwere, wuchtige Eichenschränke leichten Lackschränkchen wichen – häufig recht bunt oder mit Schildpatt aus Asien verziert. Die sozialen und ökonomischen Veränderungen dieser Zeit beeinflussten auch den Stil. Die Möbel wurden weniger imposant, dafür aber bequemer.

Im frühen 18. Jahrhundert förderte die wirtschaftliche Krisenstimmung den Wunsch nach Komfort. Die ersten Vorläufer der weich gepolsterten Sessel und Sofas in privaten Wohnungen stammen vermutlich aus der Zeit der Stuarts. Beispiele sind in einem seit 1603 unveränderten

Oben Die Sitzgruppe mit den Polsterelementen im Matratzenstil gibt dem großen Raum im Pariser Marais-Distrikt ein klares Zentrum. Die Aufteilung des Wohn- und Medienraums wirkt streng, lässt sich aber durch Verschieben der Elemente jederzeit ändern.

Links Vincent Van Duysens holländische Klienten unternahmen drei Reisen nach Paris, um nach einem Sofa zu suchen. Schließlich entschieden sie sich für dieses Modell, 1927 von Jean Michel Frank entworfen. Van Duysen gestaltete dazu einen Holzparavent, der sich an ein anderes Stück von Frank anlehnt. Dreisitzige Sofas sind beliebt, aber letztlich unpraktisch, weil sie selten von drei Personen benutzt werden – die mittlere Person wirkt immer etwas eingeklemmt.

Rechts Zweisitzer sind für zwei Personen da, Dreisitzer werden meist auch nur zur zweit benutzt, weil man sich bequem einander zuwenden kann. In dieser Pariser Wohnung hat der Architekt Laurent Buttazzoni einen Heizkörper unter einem pfiffigen »Banquette«-Sofa mit lederbezogenen Polstern versteckt.

Haus in Knole im englischen Kent zu sehen. Diese Möbel, damals Ausdruck einer sehr fortschrittlichen Einstellung, sind durch Frances Cranfield in das Haus gekommen, die Tochter und Erbin von Lionel Cranfield, Earl of Middlesex. Der Earl war nicht nur ein machthungriger Minister und Master of the Great Wardrobe, sondern stand auch in Verbindung mit dem Unternehmen Mercers, von dem einige der Möbel stammen könnten. Cranfield und seine Tochter waren mit diesen niedrigen, weich gepolsterten Möbeln ihrer Zeit voraus. Die Sofas in Knole haben verstellbare Seitenteile, einige Sessel haben verstellbare Lehnen.

Etwa gleichzeitig mit dem Sofa, das man ursprünglich als verbreiterten Sessel für zwei oder mehr Personen bezeichnete, entstanden auch die leichten Korbsessel. Im 17. Jahrhundert konnten – ebenso wie heute – konservative Lebensgewohnheiten die Entwicklung neuer, zeitgemäßer Möbel nicht verhindern. Der begeisterte Leser Samuel Pepys erfand damals den ersten verglasten Bücherschrank. Bald folgten kleine Beistelltische und andere Elemente, die den strengen, formellen Wohnstil zunehmend auflockerten.

Gegenüber, oben links Der schlichte »Club«-Sessel fand nach seinem ersten Auftauchen im Déco-Salon in den 1940er Jahren schnell Anhänger. Heute sind solche wuchtigen Stücke in aller Welt zu finden. Es sind ungemein bequeme Sessel: tief genug, um sich zusammenzurollen, aber auch fest genug, um aufrecht zu sitzen. Er erinnert an französische Clubs in Marokko und passt sogar zu orientalisch inspirierten Räumen gut. Viele Firmen bauen solche Modelle heute nach, doch mir gefällt die Patina des alten Leders am besten.

Gegenüber, oben rechts Die New Yorker Modepäpste Badgley und Mischka haben diesen perfekt gestylten Sessel entworfen: ein klassisches Schlafzimmermodell von Amalgamated Home mit einem Bezug aus Regenmantel-Nylon. Nicht immer sehen funktionale Stoffe auf Polstermöbeln so geschickt aus.

Gegenüber, unten In diesem von Audrey Matlock gestalteten Haus in Sag Harbour bilden zwei Sessel namens »Harry« von B&B Italia ein symmetrisches Ensemble mit dem Sofa der gleichen Serie, entworfen von Antonio Citterio im Jahre 1998.

Oben links Charles und Ray Eames haben diese Aluminiummöbel für den Gebrauch im Haus und im Freien entworfen. Hier sind sie in einer Wohnung zu sehen, meist findet man sie heute aber in Büros. Diese Stühle sind in Design und Funktion beispielhaft und hätten sich eigentlich viel öfter einen Platz in der häuslichen Umgebung verdient.

Oben Arne Jacobsen entwarf seinen Sessel »Ei« (im Vordergrund dieses Raums von Shelton & Mindel) 1958 für die Lobby des SAS Royal Hotels in Kopenhagen. Er wollte maximale Bequemlichkeit mit minimaler Polsterung in Einklang bringen und entschied sich für eine gewölbte Glasfaser-Schale mit Schaumstoffauflage auf einem Aluminium-Drehfuß.

Textilien

Der britische Kunstkritiker, Philosoph und Sozialkritiker John Ruskin (1819–1900) hatte großen Einfluss auf die Malerei der Prä-Raffaeliten, die sich durch Pracht und Detailverliebtheit auszeichneten. Der Ansatz dieser Künstler, eine im Realismus verwurzelte Kunstform zu entwickeln, war eine Reaktion auf das streng formelhafte Kunstverständnis der königlichen Kunstakademie. Ruskin schrieb über Textilien: »Wahrer Stoff ist Schafwolle, Flachsgarn, Baumrinde. Er schreibt nichts vor und lässt sich über die Grenzen seines Ursprungs hinaus formen. Aus der Fülle seiner Möglichkeiten lassen sich reale Produkte schaffen, die zahllose Formen, zahllose Bewegungsweisen zeigen können und sich dem individuellen Willen seines Gestalters ergeben. Er vermittelt auf geheimnisvolle Weise die Unvorhersehbarkeit des Lebens selbst.« Wie wahr! Stoff ist zugleich Fläche und Faltenwurf. Er kann füllig oder komprimiert sein, strenge Falten werfen (vor allem in modernen Interieurs) oder traditionell gerüscht und gebauscht sein. Stoff ist elastisch und kann durch seine Vielgestaltigkeit die Architektur im Großen und im Kleinen bereichern. Er kann transparent oder undurchsichtig sein, auch das Spektrum von Schwere, Webdichte, Textur und Format ist nahezu grenzenlos.

Viele Designer und andere modebewusste Menschen halten Stoff für einen alten Hut, doch ich bin anderer Meinung. Textilien können einen im Wesen spröden Raum weicher gestalten, an Fenstern und Türen schützen sie vor Kälte, Wärme oder greller Sonne. Sie verbessern die Atmung von Räumen und dämmen Geräusche.

Ich beziehe Textilien schon frühzeitig in die Einrichtungsplanung mit ein. Eine mit Stoff bespannte Wand, vielleicht nach französischer Art in Bahnen, mit einem interessant gemusterten oder edel glänzenden Material kann in einem sonst schlichten Raum spektakulär aussehen. Textilien sind eine Bereicherung für moderne Wohnungen und können auf vielfältige Weise zeitgemäß eingesetzt werden.

Fensterdekorationen

Kaum jemand hat das Privileg, ein uneinsehbares Grundstück zu bewohnen. Für die meisten Menschen ist irgendeine Form der Fensterdekoration schon als Sichtschutz wünschenswert. Weil wir die Welt kennen, leihen wir uns heute gern Ideen aus fernen Ländern aus. Schlichte Rollos stammen ursprünglich aus Indien, Raffjalousien aus Venedig, Sichtschirm aus dem Fernen Osten, vor allem aus Japan. Klimaunterschiede und landestypische Materialien erklären diese verschiedenen Formen der Fensterdekoration. In gemäßigten Zonen verfügen wir heute über Fenster aus Isolierglas und moderne Heizungstechniken, sodass Vorhänge zur Wärmedämmung weniger Bedeutung haben. Als Schalldämmung sind sie jedoch nach wie vor beliebt.

Bei Vorhängen – genau wie bei Schmuckstücken – kommt es vor allem auf die Perfektion der Ausführung an. Der Innenarchitekt Michael Greer formulierte es in Inside Design so:

Vorige Seite Viele Innenarchitekten verwenden nach Maß gefertigte Stangen aus Stahl oder Edelstahl, ähnliche Modelle kann man aber auch fertig kaufen.

Gegenüber, ganz links Wenn die Proportionen stimmen, können simple Metallringe ebenso elegant wie schlicht aussehen. Sie eignen sich besonders für Vorhänge vor Heizungen, weil sie etwas Luftzirkulation erlauben.

Gegenüber, oben rechts Diese schweren, regelmäßig gefältelten Seidenvorhänge mit Futter und Zwischenfutter sind mit einer Borte eingefasst. Das Faltrollo schützt vor Sonnenlicht. Solche Faltenwürfe passen am besten zu schweren, langen Vorhängen.

Gegenüber, unten rechts Die Oberkante dieses Faltrollos ist unsichtbar befestigt. Wenn vor einem Fenster Möbel stehen, sollte man eine Fensterdekoration wählen, die sich leicht bedienen lässt.

Oben In Räumen mit niedriger Deckenhöhe sollte der Blick nach oben gelenkt werden. Querbehänge oder niedrig angebrachte Raffhalter können eine Lösung sein. Hier lässt der zarte Stoff das Fenster größer wirken.

»Der Fertigungsaufwand für gute Vorhänge steht den Materialkosten nicht nach, er kann diese sogar übersteigen. Doch darüber sollte man nicht jammern, denn schlecht gefertigte Vorhänge sind, ebenso wie schlechte geschneiderte Kleidung, schlichtweg Materialverschwendung. Zwar ist ›Vorhänge‹ der korrekte Begriff, doch manchmal benutze ich die Formulierung ›Draperien‹.« Wer Stoff für Vorhänge kauft, sollte bedenken, dass er sich noch längen kann. Darum heftet man die Säume zuerst und näht sie erst nach einigen Tagen endgültig um.

Greer soll für Faltjalousien nach dem Ziehharmonika-Prinzip den Begriff »Römische Jalousien« geprägt haben. »Sie sehen nicht nur makellos aus, sondern haben auch den Vorteil, dass sie bodenlang sein und so architektonische Mängel verstecken oder ein Fenster in Höhe und Breite optisch über die realen Maße hinaus vergrößern können.« Ein gut gestaltetes Haus sollte zwar keine Mängel haben, die versteckt werden müssen, doch eine optische Vergrößerung der Fenster ist fast immer ein Gewinn, der mit verschiedenen Dekorationsformen zu erzielen ist.

Oben Moderne Rollos sind sehr raffiniert, etwa dieses System des Architekten Van Duysen, das sich auf Knopfdruck öffnet und schließt. Manche bewegen sich sogar automatisch bei Veränderung der Lichtverhältnisse.

Rechts oben Innenfensterläden stammen ursprünglich aus den Wohnhäusern der Kolonialländer. Die meisten haben offene Lamellen, manche bestehen auch aus geschlossenen Holzflächen. An hohen Fenstern lassen sich die oberen Jalousien nur mithilfe von Stangen bedienen.

Rechts Die Pariser Textildesignerin Dominique Kieffer hat diese Vorhänge mit Futter und Zwischenlage entworfen, deren Farbton aussieht wie von der Zeit verblichen – was aber nicht der Fall ist. An den Wänden hängen glatte Stoffbahnen mit verschiedenen Texturen, aber in einem einheitlichen Farbton.

Ganz rechts Diese elegante Kombination aus sinnlichem, schwerem Seidentaft und duftig-zartem, dunklem Tüll lässt vier verschiedene Kombinationsmöglichkeiten zu, je nachdem, wie viel Licht, Sichtschutz oder Glamour gewünscht ist.

Links Kissen machen nicht nur Sessel, Bänke oder Stühle bequemer (Sofas sind meistens weich genug), sie sorgen auch durch Farbe und Textur für Abwechslung. Eine Paspel gibt ihnen mehr Kontur. Abnehmbare Bezüge machen es leicht, die Optik zu verändern.

Unten Ein schlichter Kissenbezug mit einem Einsatz aus kostbarem Stoff ist eine gute Möglichkeit, Kosten zu sparen und dennoch etwas Besonderes zu haben. Textildesigner fertigen oft Kissenbezüge aus Stoffmustern an.

Rechts oben Die Form eines Kissens kann auch durch den Stoff inspiriert sein. Diese Kissen auf den Hockern am Bett mit der edlen Taft-Tagesdecke mit Plisseerand sind mit einem festen, halbtransparenten Synthetikmaterial bezogen.

Ganz rechts, oben Auffällige Streifenmuster schmücken die Kissen auf diesem Ruhesofa. Eine Mischung aus kleinen und großen Mustern sieht oft interessanter aus als eine Kombination von mehreren Mustern ähnlicher Größe.

Rechts unten Vor dem Betthaupt mit schokoladenbrauner Stoffbespannung sorgen weiche Kissen für Behaglichkeit. Moderne Schlafzimmer sehen oft wie Hotelzimmer aus, was mit der Reiselust unserer Zeit zu tun haben könnte. In modernen Wohnungen im urbanen Stil sollte man edle Stoffe auf die Möbel abstimmen.

Ganz rechts, unten Kissen im Wohnzimmer sollten immer fest sein. Ins Schlafzimmer dagegen gehören weiche Federkissen, die die Härten des Tages abfangen.

Kissen

Das Kissen ist ein uraltes »Möbelstück«, das schon in den Inventarlisten herrschaftlicher Häuser des Mittelalters vielfach erwähnt wird. Damals waren die Kissen oft von stattlicher Größe, mit Leder bezogen und fest genug, um als eigenständiges Sitzmöbel zu dienen. In Frankreich und Spanien benutzte man solche Sitzkissen über das Mittelalter hinaus, eine Zeit lang galten sie am spanischen Hof sogar als besondere Ehrenplätze. In Frankreich war es ein eifersüchtig gehütetes Privileg, in der Kirche hinter dem König auf einem Kissen knien zu dürfen. Diese Kissen nannte man *careau* (Viereck).

Seit dieser Zeit sind alle Möbel zierlicher geworden, Kissen machen da keine Ausnahme. Heute kann man die Bezüge abnehmen. So sind Kissen einerseits pflegeleicht, andererseits kann für jede Jahreszeit ein anderes Gewand verwendet werden. Nicht jeder braucht oder mag Kissen, dennoch sind sie attraktive und unkomplizierte Accessoires. Das Wort »Sofa« geht übrigens auf den arabischen Begriff *suffah* zurück, der das Polster eines Kamelsattels bezeichnet.

Kunst & Dekoration

1945 sagte Pablo Picasso (1881–1973) in einem Interview: »Malerei ist nicht dazu da, Wohnungen zu schmücken. Sie ist eine Angriffs- und Verteidigungswaffe gegen den Feind.« Er sprach häufig darüber, dass Dichter und Maler nicht aus der Gesellschaft ausgestoßen werden, weil sie manchmal Furcht verbreiteten.

Picasso war ein harter Arbeiter. Man denke an seine Skulpturen aus Ton: Um die Handhabung der Engoben, Oxide und Glasuren zu meistern, unternahm er riskante technische Experimente, entdeckte dabei aber seine eigenen künstlerischen Methoden, darunter Sgraffito-Techniken (Abkratzen oberer Engobeschichten, um die darunter liegenden freizulegen) und das Abdecken mit Wachs. Im Laufe von 20 Jahren brannte er rund 3500 Tonobjekte – manche gelangen, andere nicht. Gewiss, Kunst wird nicht geschaffen, um Wohnungen zu schmücken, sondern aus Leidenschaft und verschiedensten Emotionen geboren. Doch wir wollen wenigstens versuchen, für große Kunstwerke und weniger bedeutende Stücke die optimale Präsentationsform zu finden, um die Bemühungen des Künstlers zu würdigen.

Meiner Meinung nach sind Bilder – unabhängig von ihrem Wert – aber immer auch Bestandteil gemischter Gruppen mit anderen Gegenständen. Man kann sie paarweise aufhängen (wobei ein Diptychon oder ein Triptychon jeweils als ein Element zu betrachten ist), doch selten stehen sie ganz für sich. Jede Kunstform, sofern sie keinen Raum für sich allein hat, steht in Beziehung zu anderen Elementen, selbst zum Betrachter.

Beim Aufhängen von Bildergruppen ist Gefühl für Rhythmik nötig. Bei plastischen Objekten kann jedes als Stillleben wirken, wenn es die richtige Position erhält. Ein einzelnes Stück wirkt für sich. Zwei oder drei sollten miteinander harmonieren, mehr Elemente gleichen einer Komposition.

Feste Elemente

Bilder und andere Dekorationen unterscheide ich nach »festen« und »beweglichen« Elemtenen. Das heißt nicht, dass man die festen Elemente nicht bewegen kann, doch generell bleiben sie für längere Zeit an ihrem Platz, der ihnen durch einen Nagel oder Haken in der Wand, durch eine Halterung oder – im Fall dreidimensionaler Stücke – einen Sockel, ein Bord oder eine Konsole zugewiesen wird.

In modernen Wohnungen liegt zwischen Wand und Decke oft eine Schattenfuge, die sich zum Einhängen von Bilderhaken anbietet, sodass man Bilder an Drähten, Schnüren oder Stangen befestigen kann. Geometrische Anordnungen aus mehreren Bildern können sehr interessant sein, lediglich in Pastelltönen wirken solche Gruppen etwas fade. Bilderleisten in beliebiger Höhe, die früher gern verwendet werden, sind heute etwas aus der Mode gekommen, weil sie die Proportionen eines Raums verzerren können.

Feste Elemente werden generell stärker wahrgenommen und gewürdigt, was auch daran liegt, dass man sie mit einer gezielten Beleuchtung besser in Szene setzen kann.

Vorige Seite Die in der Schattenfuge aufgehängten Kunstwerke scheinen in der Luft zu schweben, sodass kein Nagel die Wandtäfelung versehrt. Durch die kantigen Rahmen wird ihre markante Sachlichkeit noch betont.

Ganz links Die Nische mit dem breiten, farbig abgesetzten Rahmen ist eine ideale Bühne zum dauerhaften Präsentieren von Objekten, bildet aber auch für sich allein einen interessanten Blickfang.

Ganz links, unten Rahmen aller Art, breit und schmal, aus hellem und dunklem Holz, geben dieser persönlichen Sammlung von Gemälden und Zeichnungen etwas Geheimnisvolles. Die Verteilung wirkt zufällig und zwanglos, ist aber gut durchdacht.

Links unten Dieses Arrangement von Dominique Kieffer in Paris wirkt zugleich maskulin und feminin. Breite Bahnen ihrer Stoffe hängen glatt an Stangen, wärmen die Diele optisch auf und geben dabei den Zeichnungen einen schönen Hintergrund.

Rechts Jamie Drake hat diese Wand in New York dicht an dicht mit Rahmen gleichen Formats bedeckt. Jedes Bild ist anders, doch der Typ wiederholt sich. Solche Bilderwände eignen sich vor allem für Durchgangsbereiche. In Räumen, in denen man sie länger anschaut, wären sie zu unruhig.

Unten Glassammlungen brauchen gutes Tages- oder Kunstlicht. Im Bad von Mark Rios beleuchtet die kalifornische Sonne die Sammlung grüner, gelber und blauer Glasflaschen im offenen Regal im Fenster.

Unten rechts Eine Sammlung unterschiedlicher Zeichnungen von mehreren Künstlern präsentiert sich in einheitlichen Rahmen. Die Relation zwischen stilistischer Abweichung und formaler Gleichheit der Rahmen gibt der Gruppe besondere Spannung.

Diese Seite Der große, an der Wand lehnende Spiegel gibt diesem ernsthaft wirkenden Haus etwas Märchenhaftes. Nur bei ausreichender Deckenhöhe und einer stabilen Stahlhalterung wäre eine hängende Befestigung denkbar.

Gegenüber, oben rechts Wände und Decken sind nicht immer gerade. Beim Aufhängen von Bildern kann man lange mit einer Wasserwaage hantieren und dennoch keine gute Lösung finden. Ein Regal kann Abhilfe schaffen.

Gegenüber, unten links Der schmale, hohe Spiegel lehnt schräg an der Wand, während der ungewöhnliche, runde Spiegel samt Lampe wie Kleidungsstücke an einem Ständer aufgehängt sind.

Gegenüber, unten rechts Ein Regal mit Bildern und anderen Kunstgegenständen wirkt wie ein Horizont im Raum. Die angelehnten Bilder wirken zwanglos und lassen sich leicht austauschen oder umgruppieren.

Bewegliche Elemente

Bewegliche Elemente sind keineswegs kurzlebig. Oft handelt es sich sogar um besonders geliebte und dekorative Stücke, die genau aus diesem Grund einen leicht zugänglichen Platz erhalten sollen. Derzeit scheint der Weg zum Seelenheil darin zu bestehen, die Welt mit den Händen zu begreifen. In diesem Sinne ist es sicherlich schön, wenn man einen Kunstgegenstand aus purem Interesse in die Hand nehmen kann.

In Eric van Vredenburghs Antiquitätengalerie in der Londoner Portobello Road, die er auch bewohnt, entdeckt man die verschiedensten Kunstgegenstände. Gerahmte Bilder lehnen an der Wand (fest montierte Dinge lassen sich schlecht verkaufen), andere »stehen herum« und warten darauf, entdeckt zu werden. Gestern hob ich ein schweres Marmorobjekt an, das förmlich danach schrie, berührt zu werden. Es stand in lockerer Zwanglosigkeit zwischen anderen Stücken auf dem Kaminsims – und war dreitausend Jahre alt und stammte aus Pakistan. Bei aller Lässigkeit wird hier jedes Stück geehrt, doch das sollte in einem Zuhause selbstverständlich sein.

BEZUGSQUELLEN

Bodenbeläge und Arbeitsflächen

Abet GmbH
Füllenbruchstraße 189
32051 Herford
Tel.: 0 52 21/34 77-0
Fax: 0 52 21/3 31 96
www.abet.de
E-Mail: abetde@t-online.de
Führender Hersteller von Hochdrucklaminater

Amtico International GmbH
Im Taubental 11
41468 Neuss
Tel.: 0 21 31/3 59 16-0
www.amtico.com
Steinrepliakte, Holz, Schiefer, Glas, Metall

Bisazza Deutschland
Showroom Kantstraße 150
10623 Berlin
Tel.: 030 / 310 195-50
Fax 030 / 310 195-71
INFO5@BISAZZA.COM
www.bisazza.com
Mosaik-Fliesen

Corian
DuPunt de Nemours GmbH
Du-Pont-Straße 1
61352 Bad Homburg
Tel.: 01 30 / 81 00 18
Arbeitsplatten aus Kompositmaterialien

Die Landhausfliese
König & König GmbH
Wilhelmshöher Straße 16
12161 Berlin
Tel.: 030 / 82 70 99 97
www.landhausfliese.de
Handgemachte Fliesenkunst

DLW Aktiengesellschaft
74319 Bietigheim-Bissingen
Tel.: 0 71 42 / 7 16 76
Fax: 0 71 42 / 7 18 40
Linoleum

Falke Design
Schweden
Tel.: +46 (0)340 656 200
Fax: +46 (0)340 656 380
www.falkedesign.com
Langlebige Holz- und Steinfußböden aus Schweden

Flagstone
Zippelhaus 2
20457 Hamburg
Tel.: 040 / 30 39 98 98
Fidicinstraße 8
10965 Berlin
Tel.: 030 / 69 04 13 35
Innere Wiener Straße 11
81667 München
Tel.: 089 / 48 95 38 82
Antike & neue Natursteine, Terrakotta & Mosaike

Formica Vertriebs-GmbH
Belgische Allee 9
53842 Troisdorf (Spich)
Tel.: +49 (0)22 41 95 200
Fax: +49 (0)22 41 95 2030
E-Mail:
musterservice_formica@formica-europe.com

Jaeger & Stipak
Ulmer Straße 30/1
73728 Esslingen
Tel.: 07 11 / 3 16 44 68
Fax: 07 11 / 3 16 44 69
Bodenbeläge

Junckers Parkett GmbH
Heinrichstraße 169
40239 Düssendorf
Holzböden

Keshishian
73 Pimlico Road, London
SW1 8NE, England
Tel.: +44 (0)207 730 8810
Antike Teppiche

Kölnberger GmbH & Co. KG
Gut Hausen
Hausener Gasse
52072 Aachen
Tel.: 02 41 / 1 32 71
Antike Böden (Stein und Holz)

Persch
Antike Baumaterialien und Inneneinrichtungen
An der B5 Nr. 11
25920 Risum-Lindholm
Tel.: 0 46 61 / 51 11
www.persch.com
Bodenplatten, Holzdielen

Rowi Parquet International
PO Box 1033
3430 BA Nieuwegein
Niederlande
Tel.: +34 (0)2 60206
Fax: +34 (0)2 64174
www.rowi.nl
Parkett

V'Soske Joyce UK Ltd.
The Clocktower
Coda Centre, Munster Road
London SW6 6AW, England
Tel.: +44 (0)20 7386 7200
Designer-Teppiche

Vorwerk
Kuhlmannstraße 11,
31785 Hameln
Tel.: +49 (0)5151 1030
www.vorwerk-carpet.com

Wicanders
über Carl Ed. Meyer
Berner Straße 55
27751 Delmenhorst
Tel.: 0 42 21 / 5 93 01
Schiffsboden

Farben, Tapeten, Stoffe

Alpina Farben GmbH
64369 Ober-Ramstadt
Tel.: 0 18 05 / 45 68 88
www.alpina-farben.de
Vertrieb in Österreich
Glemadur Farben und Lacke Vertriebsges. mbH
Am Kanal 105
A-1110 Wien

Auro Pflanzenchemie AG
Alte Frankfurter Straße 211
38122 Braunschweig
Tel.: 05 31 / 28 14 10
www.auro.de
Naturfarben

Biggi Best Town & Country Interior
Uhlandstraße 20–25
10623 Berlin
Tel.: 030 / 88 70 97 30
Stoffe, Tapeten und mehr

Brillux über J.D. Flügger
22092 Hamburg
Tel.: 0180 / 5 35 83 44 37
www.fluegger.com

Busby & Busby
über FDC Handelsagentur
Schillerstraße 18
60313 Frankfurt
Tel.: 069 / 73 99 87 78
Tapeten

cara Service- und Handelsgesellschaft mbH
Wintgenhof 10
45239 Essen
Tel.: 0201 / 8 40 57 58
Fax: 0201 / 8 40 59 71
www.bauscouts.de
Naturfarben ohne gesundheitsschädliche Inhaltsstoffe

Christian Fischbacher
Simonshöfchen 27
42327 Wuppertal
Tel.: 02 02 / 73 90 90
www.fischbacher.ch
Stoffe

Club Création CC Wohndecor
Potsdamer Straße 160
33719 Bielefeld
Tel.: 05 21 / 9 25 99 00
Tapeten

Cole & Son
über: Nora Flinterman
Wattstraat 16–18
2171 TR Sassenheim
Niederlande
Tel.: 0031 252 22 40 04
Tapeten

Création Baumann
Paul-Ehrlich-Straße 7
63128 Dietzenbach
Tel.: 0 60 74 / 3 76 70
www.creationbaumann.com
Wohnstoffe

Crowson Fabrics
über Gross Raumausstatter
Sebastianstraße 34
53474 Bad Neuenahr
Tel.: 0 26 41 / 94 85-0
www.crowsonfabrics.com
Wohnstoffe

Designers Guild
Dreimühlenstraße 38 a
80469 München
Tel.: 089 / 23 11 620
www.designers-guild.com
Tapeten, Farben, Stoffe

Dulux Farben
ICI Lacke Farben GmbH
Postfach 940
40709 Hilden
Tel.: 021 03 / 711
Fachberatung:
0180 / 5 24 00 42
Fax: 0180 / 5 24 00 22

Dulux Farben Österreich
Schwarzenbergerplatz 7
A-1037 Wien
Tel.: +43 / 660 / 82 64

Erfurt & Sohn
Hugo-Erfurth-Straße 1
42399 Wuppertal
Tel.: 02 02 / 61 10-0
www.erfurt.com
Tapeten

Farrow & Ball
über: Friedrich Kremp
Hildastraße 7
79102 Freiburg
Tel.: +49 (0)7 61 3 32 50

Fausel, Biskamp GmbH
Kasernenstraße 6
40213 Düsseldorf
Tel.: 0049 211 97763-0
Fax : 0049 211 97763-30

A. Wilh. Mayer u. Sohn
Warnstedtstraße 16k
22525 Hamburg
Tel.: 040 / 5 47 30 40
Fax: 040 / 54 40 53

Haute Deco - interiors
Blankeneser Bahnhofstraße 29b
22587 Hamburg
Tel.: 040 / 63 60 89 40
Fax: 040 / 63 60 89 32
Tapeten und Farben

Gudrun Sjödén GmbH
Nibelungenstraße 13
90511 Zirndorf
Tel.: 09 11 / 96 06 90
www.gudrunsjöeden.de
Wohnstoffe

Interieur
Postfach 13 09
48633 Coesfeld
Tel.: 0 25 41 / 73 42 00
Stoffe

JAB Anstoetz
Potsdamer Straße 160
33719 Bielefeld
Tel.: 05 21 / 20 93-0
Wohnstoffe, Tapeten

Jocelyn Warner
über: Lehnart
Wilmersdorfer Straße 11
10585 Berlin
Tel.: +49 3 41 54 59
jocelyn@jocelynwarner.com
Designer-Tapeten

K.A. International
über: Offtake GmbH
Meisengasse 30
60313 Frankfurt
Tel.: 069 / 13 81 31 10
www.ka-international.de
Wohnstoffe

Laura Ashley
Fulham
GB-London SW6 2QA
Händlerverzeichnis unter
Tel.: 02 11 / 86 22 87 00
www.laura-ashley.com
Wohnstoffe, Tapeten,
Accessoires, Möbel

Lene Bjerre Design
über Simone Benzel
Handelsagentur
An den Höfen 65
47877 Willich
Tel.: 0 21 54 / 91 28 36
u.a. traditionelle dänische
Rosenmuster

Marburger Tapetenfabrik
Postfach 1320
35269 Kirchhain
Tel.: 0 64 22 / 8 11 18
www.marburg.com
Tapeten

Nya Nordiska
Postfach 1280
29446 Dannenberg
Tel.: 0 58 61 / 80 90
www.nya.de
Stoffe

Osborne & Little
304-308 Kings Road
GB-London SW3 5UH
England
Tel.: Deutschland:
089/23 66 00-0
www.osborneandlittle.com
Stoffe

Anita Pavani
Ludwig-Rinn-Straße 14–16
35452 Heuchelheim
Tel.: 06 41 / 96 28 20
Stoffe

Paint Library London
über:
A Wilh Mayer u Sohn
Warnstedtstraße 12A
22525 Hamburg
Tel.: +49 40 547 30 40
www.paintlibrary.co.uk
Farben

Sehestedter Naturfarben
Adolf Riedl
Alter Fährberg 7
24814 Sehestedt
Tel.: 0 43 57 / 10 49
Fax: 0 43 57 / 750
info@chito.com
Naturfarben

Silent Gliss GmbH
Rebgartenweg 5
79576 Weil am Rheim
Tel.: +49 7621 66 070
Fax: +49 7621 66 0737
www.silentgliss.de
Moderne Fensterdekoration

Tapetenfabrik Gebr. Rasch GmbH & Co.
Postfach 1164
49562 Bramsche

Wendy Cushing Trimmings
(Export)
36 Millmead Business
Centre, Tottenham Hale
GB-London N17 9QU
Tel.: +44 (0)20 / 88 80 94 41
www.wendycushingstrimmin
gs.com
Posamente und Zubehör
für Wohntextilien

Zimmer & Rohde
Postfach 12 45
61402 Oberursel
Tel.: 0 61 71 / 6 32 02
www.zr-group.com
Wohnstoffe

Donghia
Grüner Sand 51
32107 Bad Salzuflen
Tel.: +49 (0)52 22 9 12 90
Fax: +49 (0)52 22 91 29 46
Stoffe

Marimekko
Puusepänkatu 4
00880 Helsinki, Finland
Tel.: 00358 9 75 871
@ www.marimekko.fi

Marimekko GmbH
Rheinstraße 19
60325 Frankfurt/Main
Tel.: 0049 69 749 084
salesoffice@marimekko.de
Wohntextilien, Accessoires,
Kleidung
Händler-Suchfunktion auf der
Website

Beschläge (Türen, Fenster etc.)

Allgood plc
über: Glenn Hardware Store
Utrechtsestraat 27
NL-Amsterdam 1017 UH
Tel.: 00 31 20 320 7222
Fax: 00 31 20 320 7172
Email: info@glenns.nl
Hochwertige, moderne
Beschläge

Crittall Windows Ltd
Springwood Drive
Braintree, Essex CM7 2YN
England
Tel.: +44 (0)13 76 34 21 06
Fax: +44 (0)13 76 34 96 62
www.crittall-windows.co.uk
hq@crittall-windows.co.uk
Stahlfenster, u.a. Lieferant
der Fenster für Gropius'
Bauhaus Frank Lloyd Wrights
Falling Water

Technoline
Lötzener Straße 2–4,
D-28207 Bremen
Tel.: +49 (0)4 21 43 73 50
Fax: +49 (0)4 21 4 37 35 25
info@technoline.de
Bauhaus-Türbeschläge, u.a.
Entwürfe von Walter Gropius

Heizung

Aestus
Unit 5, Strawberry Lane
Industrial Estate,
Strawberry Lane, Willnehall
West Midlands WV13,
England
Tel.: +44 (0)19 02 63 22 56
www.aestus-radiators.com
sales@aestus-radiators.com
Designer-Heizkörper

Bemm GmbH
Tel.: 0 51 21 / 93 00-0
Fax: 0 51 21 / 93 00-84
www.bemm.de
Heizbare Handtuchhalter

Caradon Stelrad
PO Box 103,
National Avenue
Hull HU5 4JN, England
Tel.: +44 (0)870 849 8056
www.stelrad.com
Designer-Heizkörper

Myson Towel Warmers
Emlyn Street
Farnworth
Bolton, Lancs BL4 7EB,
England
Tel.: + 44 (0)120 486 3200
www.mysontowelwarmers.co.uk
sales@mysontowelwarmers.co.uk
Heizbare Handtuchhalter

Runaco GmbH
Design-Heizkörper
Schmidener Weg 17
70736 Fellbach
Tel.: 07 11 / 9 57 50-0
www.acova.de
z.B. Heizkörper, die sich im
Sommer auf Elektrobetrieb
umstellen lassen

Vaillant GmbH & Co.
Berghauser Straße 40
42850 Remscheid
Tel.: 0 21 91 / 18-0
Heizkörper, Thermostate,
Warmwasserbereitung

Zehnder Wärmekörper GmbH
Almweg 34
77933 Lahr
Tel.: 0 78 21 / 5 86-0
Fax 0 78 21 / 5 86-302
www.zehnder-online.de

Öfen und Kamine

CVO Firevault
36 Great Titchfield Street
London W1W 8BQ, England
Tel.: +44 (0)20 7580 5333
Fax: +44 (0)20 7255 2234
www.cvo.co.uk
enquiries@cvofirevault.co.uk

Hark GmbH & Co. KG
Hochstraße 197–201
47228 Duisburg
(Rheinhausen)
Tel.: 0 20 65 / 997-0
www.hark.de

Hark AG
Obergrundstraße 44
CH-6003 Luzern
und
Badener Straße 808
CH-8048 Zürich

Keramische Werkstätten
Obere Dorfstraße 7
88636 Illmensee-Ruschweiler
Tel.: 0 75 58 / 5 72
Kachelölfen (historisch und
neu)

Platonic Fireplace Company
Phoenix Wharf
Eel Pie Island, Twickenham,
Middlesex TW1 3DY
England
Tel.: +44 (0)20 8891 5904
Fax: +44 (0)20 8892 2590
www.platonicfireplaces.co.uk
Moderne, schlichte
Gaskamine. Inhaber und
Geschäftsführer des
Unternehmens ist der
Architekt Henry Harrison.

Bernd Reimann
Nadelhöft 1
24395 Gelting
Tel.: 0 46 43 / 13 99
Antike Kachelöfen

Traumöfen
Wilhelmistraße 114
46569 Hünxe
Tel.: 028 58 / 61 62
Fax: 028 58 / 83 60 53
www.traumofen.de
Antike Öfen und Replikate,
Umbau antiker Öfen auf
moderne Technik

Beleuchtung

Artemide GmbH
Itterpark 5
40725 Hilden
Tel.: 021 02 / 20 00-0
Fax: 021 03 / 20 00-11
Arbeitsleuchten und
atmosphärisches Raumlicht

Baccarat
über Erika Helmuth PR
Marienterrasse 4
22085 Hamburg
Tel.: 040 / 220 66 65
www.baccarat.fr
u.a. Kronleuchter

Emco
Breslauer Straße 34
49808 Lingen / Ems
Tel.: 05 91 / 9 14 00
www.emco.de
Beleuchtete und heizbare
Spiegel (Anti-Beschlag)

ERCO Leuchten GmbH
Brockhauser Weg 80–82
58507 Lüdenscheid
Tel.: +49 2351 551 0
Fax: +49 2351 551 300
E-Mail: info@erco.com
www.erco.com

Foscarini
Via delle Industrie 90/92,
Marcon 30020, Italy
Tel.: +39 (0)4 1595 1199
www.foscarini.com
Händlersuchfunktion
auf der Website

Ingo Maurer
Kaiserstraße 47
80801 München
Tel.: 089 / 381 60 60

Kreon Nord GmbH
Hopfensack 19
20457 Hamburg
Tel.: 0 40 / 30 39 98 87
www.kreon.com
Leuchten

Louis Poulsen
Nyhavn 11, PO Box 7
DK-1001 Kopenhagen
Dänemark
Tel.: 0045 33 14 14 14
@ www.louis-poulsen.dk

Louis Poulsen & Co. GmbH
Westring 13
D-40721 Hilden
Postfach 100750
Tel.: 0049 (0) 2103-940-0
Fax: 0049 (0) 2103-940-290 + 291
E-Mail:
lp-germany@lpmail.com

Louis Poulsen AG
Zürcherstraße 125
CH-8952 Schlieren
Tel.: 0041/1 733 70 40
Telefax: 0041/1 733 70 50
E-Mail:
louis-poulsen-ch@lpmail.com
Skandinavische Design-klassiker

Luceplan
Via E.T. Moneta 46,
Milano 20161, Italy
Tel.: +39 (0)2 662 421
www.luceplan.it
luceplan@luceplan.it
Händler-Suchfunktion
auf der Website

LUXO Deutschland GmbH
Daimlerring 25
31135 Hildesheim
Tel.: 0 51 21 / 70 60-0
Fax: 05121 / 5 29 10 + 5 29 22
Design-Klassiker

Oligo Lichttechnik GmbH
Meyselstraße 22-24
53773 Hennef-Sieg
Tel.: 0 22 42 / 87 02-0
www.oligo.de
Leuchten

Patrice Butler
10 Normandy Road, London
SW9 6JH, England
Tel./Fax: +44 (0)20 7820 9796
Einzelanfertigung moderner
Kronleuchter nach
Kundenwunsch

Produzione Privata
architetto Michele De Lucchi
srl
31 via Giorgio Pallavicino
I-20145 Milano
Tel.: +39 02 43008.302
Fax: +39 02 43008.222
E-Mail: c.pintacuda@amdl.it
www.produzioneprivata.it
über:
Dirk Hainlen
Jan Hainlen
Marienfelderstraße 111
33649 Bielefeld
Tel.: +49 (0)521 454122
fax +49 (0) 521 4592998
E-mail: jan@hainlen.de
Mundgeblasene Lampen
von Michele de Lucchi

Robers-Leuchten
Postfach 20 05
46350 Südlohn
Tel.: 0 28 62 / 99 77-0

Sarah Finn Light & Living
Raiffeisenstraße 2
83629 Weyarn
Tel.: 0 80 20 / 90 49-40
www.sarah-finn.de

Vivalux
Herforder Straße 240
32120 Hiddenhausen
Tel.: 0 52 21 / 6 99 08-0
www.vivalux.de
Badbeleuchtung

Wibre Elektrogeräte
Edmund Breuninger
Liebigstraße 9
74211 Leingarten
Tel.: 0 71 21 / 9 05 30
www.wibre.de
Beleuchtung, u.a.
Bodeneinbaustrahler

Küche

AEG
Deutschland:
AEG Hausgeräte GmbH
Muggenhofer Straße 135
90429 Nürnberg
www.aeghausgeraete.de
Österreich:
Elektrolux Hausgeräte GmbH
Customer Services
Herziggasse 9
1230 Wien
Tel.: +43-1-86 64 33 33
Fax: +43-1-86 64 33 00
Schweiz:
A+T Hausgeräte AG
AEG Kundendienst
Badenerstraße 585
CH-8048 Zürich
Tel.: 41-1-405 85 00
Fax: 41-1-405 87 00
Herde, Kochfelder, Öfen, Abzugshauben, Spülmaschinen, Waschmaschinen, Trockner, Kühl- und Gefriergeräte, Kleingeräte

Aga-Herde
Generalimporteur für
Deutschland
Wilhelm Krampen & Sohn
Hohenzollernstraße 124
56068 Koblenz
Tel.: 02 61 / 3 18 88
www.aga-rayburn.de
Außergewöhnliche, emaillierte Küchenherde in verschiedenen Größen und Farben. In Deutschland wegen gesetzlicher Bestimmungen nur ein begrenztes Angebot

allmilmö
Postfach 1180 SW
97470 Zeil am Main
Fax: 0 95 24 / 99 25
www.allmilmö.de
Einbauküchen

Alno AG (Deutschland)
Heiligenberger Straße 47
88629 Pfullendorf
Tel.: 0 75 52 / 21-0
Fax: 0 75 52 / 21 31 20
www.alno.de

Alno-Austria
Eitelbergerstraße 24
A-1130 Wien

Alno Schweiz AG
Hardhofstraße 15
CH-8424 Embrach
Tel.: +41 / 1 / 876 05 55
Fax: +41 / 1 / 876 05 45
Einbauküchen

Arc Linea – technologia creativa
Ernst-Abbe-Straße 11
56070 Koblenz
Tel.: 02 61 / 88 42 80
Fax: 02 61 / 80 57 93
Italienisches Küchendesign

Bauknecht Hausgeräte
Am Wallgraben
70565 Stuttgart
Tel.: 0 711 / 78 86-0
Fax: 07 11 / 7 88 63 60
Haushalts-Großgeräte

Belling British Stoves
Büchel 45
42855 Remscheid
Tel.: 021 91 / 808 13
Fax: 021 91 / 809 49
Traditionelle Küchenherde
aus England (El., Gas, Kombi)

Binova
über Küchen Libertà
Frankenstraße 147
45134 Essen
Tel.: 02 01 / 430 81 81
Fax: 02 01 / 430 81 82
www.liberta.de
Küchenelemente,
Arbeitsinseln

Blanco GmbH & Co. KG
Flehinger Straße 59
75038 Oberderdingen
Tel.: 0 70 45 / 44-0
Fax: 0 70 45 / 442 99
Einbauherde, Kochfelder, Abzugshauben, Kühl- und Gefriergeräte, Edelstahl-Spülen mit Zubehör

Bosch GmbH
Postfach 10 60 50
70049 Stuttgart
Tel.: 0711 / 811-0
Haushaltsgroßgeräte

Bulthaup GmbH & Co.
Werkstraße 6
84153 Aich
Tel.: 0 87 41 / 8 00
Fax: 0 87 41 / 803 09
www.bulthaup.de
Moderne Kücheneinrichtungen (Holz, Edelstahl, Glas)

Cabinet Schranksysteme AG
Postfach 7125
50150 Kerpen
Tel.: 022 75 – 92 03 60
Fax: 022 75 / 92 03 65
www.cabinet.de
Stauraumlösungen

Car Selbstbaumöbel
Ellerbrookskamp 4
22397 Hamburg
Tel.: 040 / 605 00 71
Fax: 040 / 605 49 36
www.car-Moebel.de
frei stehende Küchenschränke und andere Möbel (z.T. unbehandelt, selbst zusammenbauen und behandeln)

Corian
DuPunt de Nemours GmbH
Du-Pont-Straße 1
61352 Bad Homburg
Tel.: 0130 / 81 00 18
Komposit-Arbeitsflächen
und -spülen

Das Küchenreich
Rohrmann GmbH
Hofweg 47
22085 Hamburg-Uhlenhorst
Tel.: 040 / 22 74 32 0
Fax: 040 / 22 74 32 12
Englische Armaturen,
Belfast-Sinks

Domicil
Bäuerlinshalde 48
88131 Lindau
Tel.: 083 82 / 96 20 20
Fax: 083 82 / 96 20 99
Möbel für Küche und andere
Bereiche

Dross & Schaffer Küchen
Finninger Straße 60
89231 Neu-Ulm
Tel.: 07 31 / 972 38 20
Fax: 07 31 / 972 38 23

Franke GmbH
Mumpferfährstraße 70
79706 Bad Säckingen
Tel.: 0 77 61 / 5 24 00
Fax: 0 77 61 / 5 24 06

Franke Österreich
Oberer Achdamm 52
A-6911 Hard
Tel.: +43 / 55 74 / 673 50
Fax: +43 / 55 74 / 624 11

Franke Holding AG
CH-4663 Aarburg
Spülen und Wasserhähne,
farbig und Edelstahl

Gaggenau
Eisenwerk 11
76568 Gaggenau
Tel.: 072 25 / 96 70
Fax: 0 72 25 / 96 71 90
www.gaggenau.com

General Electric Appliances Herbert Oetjen GmbH & Co. KG
Julius-Bamberger-Straße 1
28279 Bremen
und
Wolfratshausener Straße 150
82049 Pullach bei München
Einbauöfen und Kühlgeräte

Goldreif
Meerbrede 4 B 239
32107 Bad Salzuflen
Tel.: 052 21 / 771-0
Fax: 052 21 / 771-234
www.goldreif.de
Einbauküchen

Grohe AG
Postfach 1361
58653 Hemer
Tel.: 023 72 / 930
Fax: 023 72 / 931 32 22

Grohe Österreich
Beichlgasse 6
A-1100 Wien
Tel.: +43 / 1 / 68 90 60
Fax: +43 / 1 / 68 69 47
Wasserhähne und Zubehör

Hagen Grote
Gahlingspfad 53
47803 Krefeld
Tel.: 021 51 / 60 70 90
Fax: 021 51 / 60 70 99
www.besserkochen.de
Küchenaccessoires

Ikea
Service-Tel.: 0180 / 5 35 34 35
www.ikea.de

Imperial
Postfach 1929
32255 Bünde
Tel.: 052 23 / 48 10
Fax: 0 52 23 / 48 11 12
www.imperial.de
Dampföfen u.a.

Jörger
Seckenheimer Landstraße 270–280
68163 Mannheim
Tel.: 06 21 / 410 97 01
Wasserhähne

Kornmüller
A-3351 Weistrach/NÖ
Tel.: +43 / 74 77 / 423 47
Fax: +43 / 74 77 / 423 47 22
www.kornmüller.at
Rolladen-Schränke, Arbeitsinseln (auch runde)

Küchen-Art
Nadorster Straße 108
26123 Oldenburg
Tel.: 04 41 / 885 20 98
Fax: 04 41 / 885 20 97
www.kuechen-art.de
Planung und Fertigung nach Kundenwunsch; Nostalgieherde, Keramikspülen

Küppersbusch
Postfach 100 132
45801 Gelsenkirchen
Tel.: 02 09 / 40 10
Fax: 02 09 / 40 13 03

Lambert GmbH
Konstantinstraße 303
41238 Mönchengladbach
Tel.: 0180 / 5 00 95 95
www.lambert-home.de
Küchenmöbel und Accessoires

Leicht Küchen AG
Postfach 60
73548 Waldstetten
Tel.: 071 71 / 402-0
Fax: 071 71 / 402-300
www.leicht.de
Einbauküchen

Merloni
Länderweg 19
60559 Frankfurt
Tel.: 069 / 605 00 50
Gas-Kochfelder u.a. Großgeräte

MFK Küchendesign
Laurinweg 4
85521 Ottobrunn
Tel.: 089 / 60 86 02 23
Fax: 089 / 62 98 71 19
Landhausküchen, frz. Herde, Festbrennstoffherde aus Österreich

Miele & Cie. GmbH & Co.
Carl-Miele-Str. 29
33335 Gütersloh
Tel.: 0 52 41 / 89-0
Fax: 0 52 41 / 89 20 90

Österreich:
Miele Gesellschaft mbH
Mielestr. 1
5071 Wals bei Salzburg
Tel.: +43 / 662 / 85 84-0
Fax: +43 / 662 / 85 84-219

Schweiz:
Miele AG
Limmatstraße 4
CH-8957 Spreitenbach
Tel.: +41 / 56 / 41 72-000
Fax: +41 / 56 / 41 72-459
Haushaltsgroßgeräte

Neff VertriebsGmbH
Postfach 100250
80076 München
Tel.: 089 / 45 90 05
Fax: 089 / 45 90 27 00
www.neff-online.de
Haushaltsgroßgeräte

Octopus Handels-GmbH
Lehmweg 10B
20251 Hamburg
Tel.: 040 / 420 11 00
Fax: 040 / 420 12 00
www.octopos-versand.de
Frei stehende Küchenschränke und andere Möbel

Poggenpohl Möbelwerke GmbH
Poggenpohlstraße 1
32051 Herford
Tel.: 052 21 / 38 10
Fax: 052 21 / 38 13 21
www.poggenpohl.de

Rational Einbauküchen GmbH
Postfach 1120
49310 Melle
Tel.: 052 26 / 58-0
Fax: 052 26 / 58-212
www.rational.de

Robinson & Cornish OHG
Gewerbestraße 4
32339 Espelkamp
Tel.: 057 43 / 92 99 40
Fax: 057 43 / 92 99 49
Handgefertigte englische Küchen

Schock Distribution
Maierhofstraße 28
73547 Lorch
Tel.: 071 72 / 91 33 00
Fax: 071 72 / 91 32 99
www.schock.de
Kompositmaterialien (Cristalan / Cristalite)

Seppelfricke
Am Stadthafen 16
45881 Gelsenkirchen
Tel.: 02 09 / 94 000
Fax: 02 09 / 94 00-490
Herde, Kochfelder, Öfen

Shaker Heritage
Heinrich Eggert Import
Loogestraße 6
20249 Hamburg
Tel.: 040 / 460 41 94
Fax: 040 / 460 24 70
Möbel und Accessoires im Shaker-Stil

SieMatic Möbelwerke GmbH & Co.
Postfach 1555
32582 Löhne
Tel.: 057 32 / 67-0
Fax: 057 32 / 67 297
www.siematic.de

Siemens AG
Wittelsbacher Straße 3
80312 München
Siemens AG Österreich
Siemensstraße 88–92
A-1210 Wien
Siemens Schweiz AG
Freilagerstraße 28–40
CH-8047 Zürich
Kochgeräte, Kochfelder und Kühlschränke

Team 7 – Natürlich Wohnen GmbH
Postfach 7329
94054 Packing
077 52 / 97 71 46
Österreich:
Braunauer Straße 26
A-4910 Ried / Innkreis
Schweiz:
Mugerenmatt 33
CH-6330 Charm
Bakastsensystem-Küchen aus Holz

Tielsa Küchen GmbH
Industriestraße 14–18
32108 Bad Salzuflen

Tölzer Möbelwerkstätten
83623 Einöd
Tel.: 080 27 / 10 42
Fax: 080 27 / 3 35
Handgefertigte Landhausküchen

Villeroy & Boch AG
Postfach 1120
66688 Mettlach
Tel.: 0 68 64 / 81-0
Fax: 0 68 64 / 81 26 92
www.villeroy-boch.com
Fliesen, Keramik

Whirlpool
Postfach 800434
70503 Stuttgart
Tel.: 07 11 / 78 86-0
Fax: 07 11 / 78 86-122
Haushaltsgroßgeräte

Wood, Steel & More
Postfach 11 48
22947 Ammersbek
Tel.: 040 / 605 61 19-2
Fax: 040 / 605 61 19-1
Accessoires

Zanussi Ltd.
Rennbahnstraße 72–74
60528 Frankfurt/Main
Tel.: 069 / 678 07-0
Fax: 069 / 678 07-384
Haushaltsgroßgeräte

Zeyko Küchen
Simmozheimer Straße
75382 Althengstett
www.zeyko.de

Möbel

Anna Flötotto
Am Ölbach 28
33334 Gütersloh
Tel.: 0 52 41 / 94 05-0
www.annafloetotto.de

Artek
Eteläesplanadi 18
00130 Helsinki, Finland
Tel.: 00358 9 6132 5277
www.artek.fi

Vertretung Deutschland Handelsagentur W. Rieck
Moorenweiser Straße 31 a
82299 Türkenfeld
Tel.: 0049-8193-55 76
Fax: 0049-8193-55 76

Vertretung Schweiz M3 Möbel AG
Albisstraße 131
CH-8038 Zürich
Tel.: 0041 43 399 94 77
Fax: 0041 43 399 94 78
Vertretung Österreich Frost International
Spitalbergweg 38
A-9020 Klagenfurt
Tel.: 0043-463-45 192
Fax: 0043-463-41 99 44
Die Firma wurde ursprünglich zur Produktion von Alvar Aaltos Entwürfen gegründet. Heute auch andere moderne Designs.

Bo Concept
Club 8 Company A/S
Mørupvej 16
DK-7400 Herning, Denmark
Tel.: 0045 70 13 13 66
www.boconcept.com
Modernes skandinavisches Design. Händler weltweit, Suchfunktion nach Orten auf der Website

Bretz Brothers
Alexander-Bretz-Straße 2
55457 Gensingen
Tel. 0 67 27 / 89 50
www.cultsofa.com

Cassina SpA
1, via L. Busnelli
1-20036 Meda, Milan, Italy
Tel.: +39 (0)36 27 03 13
info@cassina.it
Modelle von Cassina, Mackintosh, Frank Lloyd Wright, Gerrit Rietveld Le Corbusier, Charlotte Perriand, Philippe Starck und anderen.
e15 Design und Districutions GmbH
Hospitalstraße 4
61440 Oberursel
Tel.: +49 (0)61 71 97 95 0
Fax: +49 (0)61 71 97 95 90
www.e15.com,
e15@e15.com
Showroom:
Bergman Interior Fashion Beauty
IFB GmbH,
Kaiserstraße 23
60311 Frankfurt/Main
Tel.: +49 (0)69 2400 5840
Fax: +49 (0)69 2400 5844
www.bergman.de
bergman@bergman.de
Moderne Holzmöbel in schlichter Linienführung.

Das Bett
Antik & Design
Diekerstraße 27
42781 Haan
Tel.: 0 21 03 / 24 18 33
www.das-bett-haan.de

Domicil
Bäuerlinshalde 48
88131 Lindau
Tel.: 0 83 82 / 96 20-20
www.domicil.de

Dopo Domani
Kantstraße 148, 10623 Berlin
Tel.: +49 (0)30 8 82 22 42
www.dopo-domani.com
B&B Italia, Minotti, Boffi Badezimmerserie »Square« von Piero Lissoni, Vitra, MDF, Braque.

Form 30 50 60
Forchstraße 179
CH-8032 Zürich
Tel.: +41 (0)13 83 43 36
Schwedische Designer, Sammlerstücke, Originale aus den 1950er und 1960er Jahren

Form exclusiv
Poppenbeck 72
48329 Havixbeck
Tel.: 0 25 07 / 98 57-0
www.form-exclusiv.de

Förster & Hahn
Osterstraße 31
30159 Hannover
Tel.: +49 (0)51 13 06 81 88
Produkte von B&B Italia.

Franta
Maastrichterstraße 18
50672 Köln
Tel.: +49 (0)221 528 855
www.franta.de
Möbelklassiker aus dem 20. Jahrhundert, skandinavisches Design

Fritz Hansen
Allerødvej 8
3450 Allerød Kopenhagen, Denmark
Tel.: 0045 48 17 23 00
www.fritzhansen.dk
Deutschland
Petra Matanic Sales
Representative
Erftstraße 8
40219 Düsseldorf
Tel.: 0049 211 3830971
Fax: 0049 211 3830973
E-Mail: pm@fritzhansen
Fritz Hansen
Vertriebsleitung Österreich
Aigelsbrunn 32
A-5204 Strasswahlchen
Fax: 0043 6215 20445
Arne Jacobsen und andere Designer. Vertrieb weltweit.

Frommholz Polstermöbel
Industriezentrum 14–20
32139 Sprenge
Tel.: 0 52 25 / 87 75-0
www.frommholz.de

Gunther Lambert
Konstantinstraße 303
41238 Mönchengladbach
Tel.: 0180 / 500 95 95
www.lambert-home.de

Hülsta
48702 Stadtlohn
Tel.: 0 25 63 / 12 73
www.huelsta.de

Ikea Deutschland
Service-Tel.: 0180 / 5 35 34 35
www.ikea.de
Gegründet 1943
Versandhandel und Niederlassungen weltweit

Knoll International GmbH
Gottlieb-Daimler-Straße 35
71711 Murr (Stuttgart)
Tel +49 7144 2010
Fax +49 7144 20 12 11
www.knoll.com
Möbel von Marcel Breuer, Eero Saarinen, Ettore Sottsas, Mies van der Rohe.

Koinor Polstermöbel
96247 Michelau
Fax: 0 95 71 / 8 37 03
www.koinor.de

Luthi & Riccio
15, rue Adrien-Lachenal
CH-1207 Genf
Tel.: +41 (0)21 601 01 88
Produkte von Cappellini

moooi
Agent für Deutschland
Neumann Vertriebsagentur OHG
Merowingerstraße 39
40223 Düsseldorf
Tel.: 0211 / 34 40 21
Fax: 0211 / 31 44 00
mail: info@moooi.de
Moderne Möbel und Accessoires

Philipp Plein
Hebelstraße 2
90491 Nürnberg
Tel.: 09 11 / 59 90 67
www.philipp-plein.com

Poltrona Frau
über: ***EM GmbH***
Pappenheimstraße 9
80335 München
Tel.:+49 89 7191084
Fax +49 89 7191086
poltronafrau@t-online.de

punto einrichtung
Maximilianstraße 52
80538 München
Tel.: 089 / 21 11 31 80
Fax: 089 / 21 11 31 80

KRAMM Wohnen
Lindenallee 10-24
45121 Essen
Tel.: 02 01 / 1 77 88 34
Fax: 02 01 / 1 77 88 49
www.poltronafrau.it
Sitzmöbel aus Leder und Naturmaterialien. Designer u.a. Gio Ponti und Marco Zanusso.

Roche Bobois
Berliner Allee 59
40212 Düsseldorf
Tel.: 02 11 / 86 32 64-0
www.roche-bobois.de

Roset Möbel GmbH
Postfach 1230
79191 Gundelfingen
Tel.: 07 61 / 592 09-0
www.ligne-roset.de

Stokke GmbH
Ziegelstraße 20-24
71063 Sindelfingen
Tel.: 070 31 611 580
Fax: 070 31 611 5860
E-Mail:
stokke.de@stokke.com
Moderne, ergonomische Möbel

The Iron Bed Company
Hochstraße 15
60313 Frankfurt/Main
018 05 / 21 45 47
www.BedCompany.de

Thonet GmbH
Postfach 1520
3558 Frankenberg
Tel.: +49 (0)64 51 50 80
Möbel von Alvar Aalto und Marcel Breuer.

Vincent Sheppard
über ***Omniform***
33419 Harsewinkel
Tel.: 0 52 47 / 92 50 00
www.vincentsheppard.com

Vitra AG
13 Grosvenor Street
London W1X 9FB
Möbel von Charles Eames, Vernor Panton, Jaspar Morrison, Michele de Lucchi und Ron Arad.

Voglauer Möbel
A-5441 Abtenau / Salzburger Land
Tel.: +43 (0) 62 43 / 27 00-0
www.voglauer.com

WK Wohnen
Föhrengrund 12
21224 Rosengarten
Tel.: 07 11 / 99 06-0

Stauraumlösungen und Schränke

Cabinet Schranksysteme AG
Postfach 7125
50150 Kerpen
Tel.: 0 22 75 / 92 03 60
Fax: 0 22 75 / 92 03 65
www.cabinet.de
Stauraumlösungen

Car Selbstbaumöbel
Ellerbrookskamp 4
22397 Hamburg
Tel.: 040 / 605 00 71
Fax: 040 / 605 49 36
www.car-Moebel.de
Frei stehende Küchenschränke und andere Möbel (z.T. unbehandelt, selbst zusammenbauen und behandeln)

Holzwerkstatt Astrein
Am Schmiedeberg
23758 Wasbuck
Tel.: 043 82 / 14 03
Fax: 043 82 / 92 05 41
Einbaumöbel und frei stehende Möbel nach Maß

Kornmüller
A-3351 Weistrach /NÖ
Tel.: +43 / 74 77 / 423 47
Fax: +43 / 74 77 / 423 47 22
www.kornmüller.at
Rolladen-Schränke, Arbeitsinseln (auch runde)

Octopus Handels-GmbH
Lehmweg 10B
20251 Hamburg
Tel.: 040 / 420 11 00
Fax: 040 / 420 12 00
www.octopos-versand.de
frei stehende Küchenschränke und andere Möbel

Rapsel GmbH
Vogelsangstraße 31
82178 Puchheim
Tel.: 0 89 / 800 66 10
www.rapsel.com

Shaker Heritage
Heinrich Eggert Import
Loogestraße 6
20249 Hamburg
Tel.: 040 / 460 41 94
Fax: 040 / 460 24 70
Möbel und Accessoires im Shaker-Stil

Modernes Design – Museen und Ausstellungen

Alan Cristea Gallery
31 Cork Street, London W1, England
Tel.: +44 (0)20 7439 1866
www.alancristea.com

Bauhausarchiv-Museum für Gestaltung
Klingelhöferstraße 14
10785 Berlin
Tel.: +49-(0)30-2540020
Fax: +49-(0)30-25400210
Email: bauhaus@bauhaus.de

Centraal Museum Utrecht
Agnietenstraat 1
NL-3500 GC Utrecht
Tel.: +31 (0)30 362362

Christie's
8 King Street
London SW 1, England
+44 (0)20 7389 2982
www.christies.com, info@christies.com

Design Zentrum Nordrhein Westfalen
Gelsenkirchener Straße 181
45309 Essen
Tel.: +49-(0)201-30 10 40
Fax: +49-(0)201-30 10 4 40
E-Mail: dz_info@compuserve.com

Die Neue Sammlung – Staatliches Museum für angewandte Kunst
Türkenstraße 15
Pinakothek der Moderne
80333 München
Tel.: +49-(0)89-27 27 25-0
E-Mail: info@die-neue-sammlung.de

Institut für Neue Technische Form Braun Design
Eugen-Bracht-Weg 6
64287 Darmstadt
Tel.: +49-(0)6151-48008
Fax: +49-(0)6151-46553
E-Mail: info@intef.de

Kunsthalle Nürnberg
Lorenzer Straße 32
90402 Nürnberg
Tel.: +49-(0)911-2312853
Fax: +49-(0)911-2313721
E-Mail: kunsthalle@stadt.nuernberg.de

Le Corbusier/Villa Savoye
82 rue de Villers
78300 Poissy, Frankreich
Tel.: +33 (0)1 39 65 01 06

Musée des Arts Décoratifs
107 rue de Rivoli
75001 Paris, Frankreich
Tel.: +33 (0)1 44 55 57 50

Museu de les Arts Decoratives
Palau Reial de Pedralbes
Avenida Diagonal 686
08034 Barcelona
Spanien
Tel.: +34 (0)3 280 50 24

Museum für Alltagskultur
Wandersmannstraße 39
65205 Wiesbaden
Tel.: +49-(0)611-74 00 1

Museum für angewandte Kunst
An der Rechtschule
50667 Köln
Tel.: +49-(0)221-22 12 67 14
Fax: +49-(0)221-22 12 38 85

Museum für Kunst und Gewerbe Hamburg
Steintorplatz
20099 Hamburg
Tel.: +49-(0)40-4 28 54 27 32
Fax: +49-(0)40-4 28 54 28 34
Email: service@mkg-hamburg.de

museum kunst palast
Ehrenhof 5
40479 Düsseldorf
Tel.: +49-(0)2 11-8 99 24 60
Fax: +49-(0)2 11-8 92 90 46
E-Mail: info@museum-kunst-palast.de

Neues Museum
Luitpoldstraße 5
90402 Nürnberg
Tel.: +49-(0)911-2 40 20 10
Fax: +49-(0)911-2 40 20 29
E-Mail: schuldes@nmn.de

Sammlung Industrielle Gestaltung
Kulturbrauerei
Schönhauser Allee 36-39
10435 Berlin
Tel.: +49-(0)30-4 43 93 82
Fax: +49-(0)30-4 43 93 83

Staatliche Museen Kassel – Museum für Angewandte Kunst und Design 1840 bis heute
Brüder-Grimm-Platz 6
34131 Kassel
Tel.: +49-(0)5 61-7 84 60
Fax: +49-(0)5 61-1 45 51
Email: creutzbu@hrz.uni-kassel.de

Städtische Galerie
Palais Stutterheim
Marktplatz 1
91054 Erlangen
Tel.: +49-(0)91 31-86 25 33
Fax: +49-(0)91 31-86 21 17
E-Mail: galerie@stadt.erlangen.de

Vitra Design Museum
Charles-Eames-Straße 1
79576 Weil am Rhein
Tel.: +49-(0)76 21-7 02 32 00
Fax: +49-(0)76 21-7 02 35 90
E-Mail: info@design-museum.de

Vitra Design Museum Berlin
Kopenhagener Straße 58
10437 Berlin
Tel.: +49-(0)30-473 777 0
Fax: +49-(0)30-473 777 20
E-Mail: info@design-museum.de

DESIGNER UND INNENARCHITEKTEN

Maxime d'Angeac Architecte
41 rue Puchet
75017 Paris, Frankreich
Tel.: +33 (0)1 53 11 01 82
dangeac@club-internet.fr
Siehe Seite 138 (oben rechts), 201.

Asfour Guzy
594 Broadway, Suite 1204, New York, NY 10012, USA
Tel.: +1 212 334 9350
www.asfourguzy.com

Tristan Auer
5a cour de la Métaine
75020 Paris, Frankreich
Tel./Fax: +33 (0)1 43 49 57 20
Siehe Seite 138 (oben rechts), 201.

John Barman Inc.
500 Park Avenue, Suite 21a, New York, NY 10022, USA
Tel.: +1 212 838 9443
Fax: +1 212 838 4028
www.johnbarman.com
Siehe Seite 28–31.

Solis Betancourt
1739 Connecticut Avenue NW, Washington, DC 20009, USA
Tel.: +1 202 659 8734
www.solisbetancourt.com

Bruce Bierman Design Inc.
29th West 15th Street, New York, NY 10011, USA
Tel.: +1 212 243 1935
Fax: +1 212 243 6615
www.biermandesign.com
Seite 149 (unten rechts), 163, 166 (unten links), 170, 171 (unten links), 180.

Laurent Buttazzoni
62 rue de Montreuil, 75011 Paris, Frankreich
Tel.: +33 (0)1 40 09 98 49
Siehe Seite 64–67, 151, 195.

Leonardo Chalupowicz
3527 Landa Street
Los Angeles, CA 90039, USA
Tel.: +1 323 660 8261
Fax: +1 323 843 9828
www.chalupowicz.com
Siehe Seite 42–43, 62–63, 109, 120 (unten rechts), 127, 145, 155, 176 (oben), 181 (unten rechts).

Fred Collin
Flat 5-6, 30 Cleveland Square, London W2 6DD
Tel.: +44 (0)20 7262 1956
Fax: +44 (0)870 922 3299
Siehe Seite 147, 182 (oben).

Jamie Drake Associates
315 East 62nd Street, 5th Floor, New York, NY 10021, USA
Tel.: +1 212 754 3099
www.drakedesignassociates.com
Siehe Seite 111 (oben rechts), 200 (oben rechts), 209 (oben).

Atelier d'Architecture M
Frisenna SCPL
15 rue de Verviers
4020 Liège, Belgien
Tel.: +32 (0)4 341 5786
Siehe Seite 11, 161.

Fusion Design & Architecture
4 Risborough Street, London SE1 0HE, England
Tel.: +44 (0)20 7928 9982
www.fusiondna.co.uk

Eric Gizard Associates
14 rue Crespin du Cast, 75011 Paris, Frankreich
Tel.: +33 (0)1 55 28 38 58
www.gizardassocies.com, information@gizardassocies.com
Siehe Seite 6, 12–13, 32–33, 54–55, 96–97, 103 (oben links), 106 (oben links), 113 (unten), 122, 133, 136 (oben), 164, 178 (oben).

Alexander Gorlin Architect
137 Varick Street, 5th Floor, New York, NY 10013, USA
Tel.: +1 212 229 1199
Fax: +1 212 206 3590
www.gorlinarchitect.com

Hudson Architects
49-59 Old Street
London EC1V 9HX, UK
Tel.: +44 (0)20 7490 3411
Fax +44 (0)20 7490 3412
www.hudsonarchitects.co.uk
Siehe Seite 116, 137 (oben & unten links), 157 (rechts).

Les Editions Dominique
Kieffer (Textildesign)
8 rue Herold
75001 Paris, Frankreich
Tel.: +33 (0)1 42 21 32 44
www.dkieffer.com
Siehe Seite 110, 203 (unten links), 208 (unten links & rechts).

Kold – Karl Fournier & Olivier Marty
7 rue Geoffroy l'Angevin, 75004 Paris, Frankreich
Tel.: +33 (0)1 42 71 13 92
F: +33 (0)1 42 71 13 94
kold@noos.fr
Siehe Seite 74–75, 152, 194 (oben).

François Marcq
8 rue Fernand Neuray
1050 Brüssel, Belgien
Tel.: +32 (0)2 513 1328
Francoismarcq@skynet.be
Siehe Seite 86–9.

Audrey Matlock Architects
88 West Broadway
New York, NY 10007, USA
Tel.: +1 212 267 2378
Fax: +1 212 267 6850
www.audreymatlockarchitect.com
Siehe Seite 174–175, 181 (unten links), 196 (unten).

Frédéric Méchiche
14 rue Saint Croix de la Bretonnerie
75004 Paris, Frankreich
Tel.: +33 (0)1 42 78 78 28
Fax: +33 (0)1 42 78 23 30
Siehe Seite 84–85, 129 (unten), 176 (unten).

Laurence Pichon-Kriegel
loladesign2002@yahoo.com
Siehe Seite 134 (unten rechts), 177.

Kristiina Ratia
USA
Tel.: +1 203 852 0027
Kristiinaratia@aol.com
Siehe Seite 40–41, 112 (unten links).

Rios Associates Inc.
8008 West 3rd Street
Los Angeles, CA 90048, USA
Tel.: +1 323 634 9220
Mark@rios.com
Siehe Seite 46–49, 101–102, 121, 130, 139, 175 (oben links und rechts), 190 (unten), 209 (unten links).

Stephen Roberts Inc.
Fourth Floor, 250 West Broadway
New York, NY 10013, USA
Tel.: +1 212 966 6930
oder +1 917 626 7401
www.stephenroberts.com, robertsnyc@aol.com
Siehe Seite 4–5, 117 (unten), 135 (unten), 138 (unten), 148, 156, 182–183.

Shelton, Mindel & Associates
143 West 20th Street,
New York, NY 10011, USA
Tel.: +1 212 243 3939
Fax: +1 212 2727 7310
Siehe Seite 24–27, 123 (oben rechts), 146 (oben rechts), 189, 190 (oben).

Stedila Design Inc.
135 East 53rd Street,
New York, NY 10022, USA
Tel.: +1 212 751 4281
Fax: +1 212 751 6698
john@stediladesign.com
Siehe Seite 70–71.

Seth Stein Architects
15 Grand Union Centre
West Row
London W10 5AS, England
Tel.: +44 (0)20 8968 8581
www.sethstein.com

Vincent Van Duysen
Lombardenvest 34
2000 Antwerpen, Belgien
Tel.: +32 (0)3 205 9190
Fax: +32 (0)3 204 0138
www.vanduysen.be
Seiten 36–37, 52–53, 90–91, 115, 132 (unten), 153 (oben), 202, 207.

Jean-Marc Vynckier
A Propos de Lieu
49 rue Daubenton
59100 Roubaix, Frankreich
Tel.: +33 (0)3 20 27 86 59
Siehe Seite 9 (unten), 80 (links & Mitte), 80–83, 123 (oben links), 166 (oben rechts), 167 (alle Bilder), 171 (unten rechts), 184–185, 192.

Jocelyn Warner
19-20 Sunbury Workshop, Swanfield Street
London E2 7LF, England
Tel.: +44 (0)207 613 4773
jocelyn@jocelynwarner.com
Siehe Seite 112 (oben und unten rechts), 113 (oben).

Wells Mackereth Architects
Unit 14, Archer Street Studios, 10-11 Archer Street,
London W1D 7AZ, England
Tel.: +44 (0)20 7287 5504
www.wellsmackereth.com, hq@wellsmackereth.com
Siehe Seite 72–73.

Vicente Wolf Associates Inc.
333 West 39th Street
10th Floor
New York, NY 10018, USA
Tel.: +1 212 465 0590
Fax: +1 212 465 0639
Siehe Seite 16–19, 128, 200 (unten rechts), 210.

Michael Wolfson Architect
15 Cardinal Mansions, Carlisle Place
London SW1P 1EY, England
Tel.: +44 (0)20 7630 9377
www.wolfsondesign.com
Siehe Seite 58–61.

1100 Architect
435 Hudson Street
New York, NY 10014, USA
Tel.: +1 212 645 1011
Fax: +1 212 645 4670
www.1100architect.com
Siehe Seite 38–39, 80.

HERSTELLER VON DESIGNERMÖBELN UND WOHNACCESSOIRES

Alessi
Omegna, Ortasee, Italien
www.alessi.com
Gegründet 1921
In den 1920er und 1930er Jahren produzierte Giovanni Alessi Geschirr und andere Haushaltsgegenstände aus Kupfer, Messung und versilbertem Nickel. Seitdem waren Designer wie Ettore Sottsass, Achille Castiglioni, Aldo Rossi. Massimo Morozzi, Philippe Starck, Jasper Morrison, Mark Newson, Ron Arad und Alessandro Mendini für das Unternehmen tätig. Küchenartikel, Besteck und Glasprodukte von Alessi sind weltweit bekannt, ebenso die Uhren und Bademäntel.

B&B Italia
Novedrate, bei Mailand / Italien
www.bebitalia.it
Gegründet: 1966
Für B&B haben einige der renommiertesten Innenarchitekten und Designer unserer Zeit gearbeitet, darunter Gaetano Pesce, Jeffrey Bernett und Antonio Citterio. Der von John Pawson und Antonio Citterio gestaltete Showroom in London ist ein Meisterwerk modernen Designs.

Boffi
Lentate, Como / Italien
www.boffi.com
Gegründet: 1934
Boffi ist der Aston Martin des Küchendesign, das Unternehmen produziert aber auch Badezimmeraccessoires im gleichen nahtlosen Design. Zu den Designern, die für die Firma tätig waren, zählen Sergio Asti, Luigi Massoni, Antonio Citterio, Piero Lissoni und Marc Sadler. Marcel Wanders Dusche »Pipe« ist eines der bekanntesten Produkte jüngeren Datums. Boffi-Produkte sind in Museen wie MoMa in New York und dem Louvre in Paris zu sehen.

Cappellini
Aroso, Como / Italien
www.cappellini.it
Gegründet: 1946
Weitere Marken: Cappellini Collezione, Mondo, Progetto Oggetto, Units
Das Unternehmen, das von Giulio Cappellini gegründet wurde, hat sich durch modernes Design und hohe Qualität einen internationalen Ruf erworben. Cappellinis Möbel sind Teil der ständigen Ausstellung des MoMa in New York und des Centre Georges Pompidou in Paris. Zu den renommierten Designern, die für das Unternehmen tätig waren, zählen Jasper Morrison und die Brücer Bouroullec.

Driade
Fossadello di Caoroso, Piacenza / Italien
www.driade.com
Gegründet: 1968
Weitere Marken: DriadeStore, DriadeKosmo, Chef
Das Unternehmen mit dem interessanten Showroom in Mailand betrat 1978 mit dem Küchendesign »Chef« die internationale Szene. Designer Antonia Astori sorgt ständig dafür, dass die Kollektion aktuell bleibt.

Edra
Perignano, Pisa / Italien
www.edra.com
Gegründet: 1987
Das moderne Unternehmen Edra ist bekannt dafür, junge Talente zu fördern. Die erste Kollektion mit dem Namen »I Nuovissimi« war von mehreren jungen Designern gestaltet worden, deren Entwürfe seinerzeit erstmalig in Produktion gingen. Einige der jüngeren Stücke der Firma stammen aus der Ideenschmiede der Brüder Campana. Künstlerischer Leiter des Unternehmens ist Massimo Morozzi.

Flexform
Meda, Mailand / Italien
www.flexform.it
Gegründet: 1959
Romeo, Pietro und Agostino gründeten die Firma Figli di Giovanni Galimberti, die Lack- und Polstermöbel produzierte. Heute wird die Firma von den Söhnen der Gründer geführt und ist unter dem Namen Flexform bekannt. Designer wie Antonio Citterio haben für die Kollektion des Unternehmens Sofas, Sessel und Beistelltische entworfen.

Flos
Bovezzo, Brescia / Italien
www.flos.net
Gegründet: 1962
Weitere Marke: Arteluce
Neben Artemide ist Flos einer der renommiertesten Hersteller modernen Lampen. Die Firma wurde ursprünglich von Arturo Eisenkeil, Dino Gavina und Cesare Cassina gegründet. Die Brüder Achille und Piergiacomo Castiglioni entwarfen die ersten Lampen für das Unternehmen – Arco, Relemme, Toio und Taccia – die sämtlich zu Klassikern des italienischen Industriedesigns wurden. Flos nimmt sich regelmäßig junger Designer an

FontanaArte
Corsico, Mailand / Italien
www.fontanaarte.com
Gegründet: 1932
Das Unternehmen wurde von dem Architekten Gio Ponti gegründet, der auch die Zeitschrift *Domus* ins Leben rief. Die zu Pontis Zeit gefertigten Stücke sind heute bei Sammlern modernen Designs begehrt. FontanaArte zeichnet sich durch innovatives Design aus.

Foscarini
Marcon, bei Venedig / Italien
www.foscarini.it
Gegründet: 1981
Das Unternehmen Foscarini beschäftigt sich damit, die gestalterischen Möglichkeiten von Murano-Glas auszuloten. Renommierte Designer und junge Talente sind gleichermaßen an der Gestaltung der ungewöhnlichen, kleinen Lampen beteiligt.

Gaggenau
Gaggenau, Karlsruhe / Deutschland
www.gaggenau.com
Gegründet: 1681
Gaggenau gilt als einer der führenden Hersteller von Küchentechnologie. Das Unternehmen hat seinen Ursprung in der Eisenindustrie und wurde im 18. Jahrhundert von Markgraf Wilhelm von Baden ins Leben gerufen. Zeitweise produzierte die Firme neben Küchengeräten auch Fahrräder und Motorräder.

Gallotti & Radice
Cermenate, Como / Italien
www.gallottiradice.it
Gegründet: 1950er Jahre
Schon in den 1950er Jahren experimentierten Gallotti & Radice mit Kristall in Design und Produktion von Möbeln. Seitdem hat das Unternehmen Designer wie Luigi Massoni, Andreas Weber, Davide Pizzigoni, Maurizio Duranti, Nanda Vigo, Carla Venosta, Gabriele Moscatelli und Italo Pertichini beschäftigt. Die älteren Stücke und die unkonventionellen Spiegel der Firma besitzen heute Sammlerwert.

Georg Jensen
Frederiksberg, Dänemark
www.georgjensen.com
Gegründet: 1904
Georg Jensen begann seine Laufbahn als Silberschmied und Bildhauer in Kopenhagen. Heute ist die Firma Teil der Unternehmensgruppe Royal Scandinavia. Sie ist vor allem bekannt für die schlichten, sachlichen Formen, die Tradition und Moderne in Einklang bringen. Die Kollektion des Jahres 2004 umfasst u.a. schwarzes Besteck.

Grohe
Hemer, Westfalen / Deutschland
www.grohe.com
Gegründet: 1936
Grohe ist einer der bekanntesten Hersteller von Badezimmer- und Küchenarmaturen Europas und weltweit der größte Exporteur dieser Artikel. Berühmt sind besonders Duscharmaturen und Wasserhähne von Antonio Citterio mit klaren, aber kräftigen Formen.

Il Loft
Gallarate, Mailand / Italien
www.illoft.com
Gegründet: 1994
Il Loft wurde von Giorgio Saporiti gegründet, bis heute werden alle Möbel, Stoffe und Keramikfliesen von Giorgio und seinem Team entworfen. Wer Freude an Rundungen hat, kommt an Il Loft nicht vorbei. Die üppigen Kurven der riesigen Sofas sind ideal für Bewohner geräumiger Lofts.

Kvadrat
Ebeltoft / Dänemark
www.kvadrat.dk
Gegründet: 1968
Weitere Marke: Fanny Aronsen
Die Firma Kvadrat wurde von Poul Byriel und Erling Rasmussen gegründet und hat sich auf Polstermöbel und Fensterdekorationen spezialisiert. Zielgruppe ist der gehobene Einzelhandel, auch Sonderbestellungen werden ausgeführt. 28 westeuropäische Textilfabriken und Druckbetriebe sind für das Unternehmen tätig. Alte Stoffmuster werden regelmäßig neu aufgelegt, in jüngster Zeit erschienen einige großartige Alexander-Girard-Reproduktionen in der Kollektion.

Living Divani
Brianza / Italien
www.livingdivani.it
Gegründet: 1969
Living Divani produzierte ursprünglich Sessel und Sofas. Heute exportiert das Unternehmen, das zwischen Como und Mailand angesiedelt ist, etwa 75% seiner Produktion. Piere Lissoni, Chefdesigner der Firma, arbeitet auch mit Boffi Cucine, Cappellini und Cassina zusammen. Lissonis Entwürfe sind ungewöhnlich üppig, aber immer praktisch, farbenfroh und perfekt proportioniert.

Luceplan
Mailand, Italien
www.luceplan.com
Gegründet: 1978
Luceplan wurde von den drei Architekten Riccardo Sarfatto (Sohn des Beleuchtungspioniers Gino Sarfatti), Paolo Rizzatto und Sandro Severi gegründet. Inzwischen ist als weiterer Partner Alberto Meda hinzu gekommen. Die Lampen des Unternehmens zeichnen sich durch eine schlichte, technologische Ästhetik aus, sind aber oft farbenfroh und wirken nie kalt.

Miele
Gütersloh, Deutschland
www.miele.de
Gegründet: 1899
Weitere Marke: Imperial
Miele wurde von Carl Miele und Reinhard Zinkann gegründet. Das Unternehmen befindet sich noch heute im Familienbesitz und wird von Familienmitgliedern geführt. Der Schwerpunkt der Produktion liegt auf Haushaltsgeräten, Gastronomiegeräten und Einbauküchen von hoher Qualität.

Minotti
Meda, Mailand / Italien
www.minotti.it
Gegründet: 1950er Jahre
Minotti produziert moderne, stromlinienförmige Sofas, Sessel und andere Polstermöbel. Die Firma wurde von Alberto Minotti gegründet und wird heute von seinen Söhnen Roberto und Renato geführt. Das Angebot umfasst hauptsächlich hochwertige Polstermöbel in einer ungewöhnlich großen Palette von Naturfarbtönen.

Molteni & C
Giussano, Mailand / Italien
www.molteni.it
Gegründet: 1930er Jahre
Molteni produziert ein großes Spektrum von Möbeln – von Stühlen und Tischen bis zu Betten und Kleiderschränken. Die Verwendung natürlicher Materialien steht im Vordergrund. Paola Navones »St Germain Chair« ist schon jetzt ein moderner Klassiker, und Patricia Urquiolas »Clip Bed« ein seltener Fall von beispielhaftem Bettendesign.

Moroso
Cavalicco, Udine / Italien
www.moroso.it
Gegründet: 1950er Jahre
Ein guter Name aus Italien. Patricia Urquiolas Serie »Fjord« ist besonders bemerkenswert. Auch Konstantin Grcic, Tom Dixon und Alfredo Haberli entwarfen einige außergewöhnliche Stücke für Moroso.

Poliform
Inverigo, Brianza / Italien
www.poliform.it
Gegründet: 1942
Poliform produziert Systemmöbel und maßgenaue Einbaulösungen mit sanft gleitenden Schubladen, etwa das Design »Sintesi« von Carlo Colombo, das zur Kollektion »Day« gehört und sich durch außergewöhnlich hochwertige handwerkliche Verarbeitung auszeichnet. Eine neue Serie von Lackschränken zeigt, dass man bei Poliform auch von der Oberflächengestaltung viel versteht.

Venini
Murano, Venedig / Italien
www.venini.com
1921 gründeten der venezianische Antiquitätenhändler Giacomo Cappellin und der Jurist Paolo Venini, der aus einer Familie von Glasbläsern stammte, gemeinsam das Unternehmen Venini. Um sich auf die Glasherstellung zu konzentrieren, siedelten sie sich in Murano an. Seit jüngerer Zeit beschäftigt sich ein Zweig der Firma mit der Produktion von hochwertigen Glasmöbeln.

Zanotta
Mailand / Italien
www.zanotta.it
Gegründet: 1954
Die von Aureilio Zanotta gegründete Firma ist noch heute ein Trendsetter, für die viele international renommierte Architekten und Designer gearbeitet haben, darunter Achille Castiglioni (Designer einiger der berühmtesten Möbel des vorigen Jahrhunderts), Marco Zanuso, Ettore Sottsass, Joe Colombo, Werner Asslinger und Ross Lovegrove. 1989 kam die limitierte Kollektion Zanotta Edizioni auf den Markt. Mark Robson entwarf für das Unternehmen den »Fly Chair« aus Kohlefaser, den man an die Wand hängen kann.

REGISTER

Bildnachweis /Dank für Fotoerlaubnis

Seiten 1, 44 links, 50–51, 68 Mitte, 76–77, 107 unten, 119 links, 136 unten, 203 oben links, Jasper Conrans Wohnung in London; Seiten 2, 6, 12–13, 14 rechts, 32–33, 96–97, 103 oben links, 113 unten, 133, 135 oben, 146 oben links, 164, 175 unten, Peter Wheeler und Pascale Reverts Haus in London, gestaltet von Eric Gizard; Seiten 4–5, 103 unten rechts, 117 unten, 131 unten, 135 unten, 138 unten, 148, 156, 182–183, James Gager & Richard Ferrettis Appartement in New York, gestaltet von Stephen Roberts; Seiten 9 oben, 34 links, 38–39, 123 unten, 132 oben, 149 oben, 172 Mitte, 180, Keith und Cathy Abells Haus in New York, gestaltet von 1100 Architect; Seiten 9 unten, 78 links & Mitte, 80–83, 123 oben links, 166 oben rechts, 167, 171 unten rechts, 184–185, 192, Jean-Marc Vynckiers Haus in Lille; Seiten 11, 104 links & oben rechts, 108 unten rechts, 120 oben rechts, 129 oben rechts, 140 rechts, 141 ganz links, 160 oben, 161, 179 oben links, Mr & Mrs Boucquiaus Haus in Belgien, gestaltet von Marina Frisenna; Seiten 14 links & Mitte, 24–27, 98 Mitte, 107 oben rechts, 118 ganz links, 123 oben rechts, 146 oben rechts, 165 oben links, 168 unten, 169 unten, 189, 190 oben, 196 oben links, 197 rechts, Haus in New York gestaltet von Shelton, Mindel & Associates; Seiten 16–19, 128, 169 oben links, 200 unten rechts, 210, 211 unten rechts, Ralph und Ann Puccis Haus in New York, ausgestattet in Zusammenarbeit mit Vicente Wolf; Seiten 20–23, 92–95, 103 unten links, 117 oben, 131 oben links, 134 oben rechts, 142 links, 150 unten, 172 links, 181 oben, 182 unten, 186 rechts, 191, Susanna Colleoni & Didi Hubers Haus in Mailand; Seiten 28–31, 205 unten links, Wohnung in New York gestaltet von John Barman Inc.; Seiten 34 Mitte, 36–37, 44 Mitte, 52–53, 90–91, 106 unten rechts, 115, 131 oben rechts, 132 unten, 153 oben, 159 oben links, 160 unten links, 194 unten, 197 links, 202, 207, Wohnung in Brüssel gestaltet von Vincent Van Duysen; Seiten 34 rechts, 42–43, 56 Mitte, 62–63, 103 oben rechts, 109, 120 unten rechts, 127, 134 oben links, 138 oben links, 145, 155, 176 oben, 181 unten rechts, 209 unten rechts, Pam Skaist Levys Haus in den Hollywood Hills, gestaltet von Leonardo Chalupowicz; Seiten 40–41, 112 unten links, 159 oben rechts, Kristiina Ratias Haus in Connecticut; Seiten 44 rechts, 46–49, 98 rechts, 101–102, 106 oben rechts, 108 oben, 121, 124 links & Mitte, 130, 139, 175 oben links & rechts, 190 unten, 209 unten links, Mark Rios' Haus in Los Angeles; Seiten 54–55, 106 oben links, 122, 134 unten links, 136 oben, 146 unten, 153 unten, 166 oben links, 178 oben, Eric Gizards Wohnung in Paris; Seiten 56 links, 58–61, 141 ganz rechts, 204 links, Haus in London gestaltet von Michael Wolfson Architect; Seiten 56 rechts, 64–67, 149 unten links, 151, 193 unten, 195, 203 rechts, Katy Barkers Wohnung in Paris, gestaltet von Laurent Buttazzoni; Seiten 68 links, 70–71, 111 oben links, 160 unten rechts, John Stedilas Haus in den Hamptons; Seiten 68 rechts, 72–73, 143 links, 142 Mitte & oben rechts, 211 oben, Sally Mackereth & Julian Vogels Haus in London, gestaltet von Wells Mackereth; Seiten 74–75, 107 oben links, 152, 186 links, 193 oben links, 194 oben, 199, Wohnung in Paris gestaltet von Kold; Seiten 78 rechts, 84–85, 108 unten links, 118 rechts, 129 unten, 168 oben links, 176 unten, 200 links, Wohnung in Paris gestaltet von Frédéric Méchiche; Seiten 86–89, 118 ganz rechts, 172 rechts, 179 unten links, Wohnung in Belgien gestaltet von François Marcq; Seiten 98 links, 104 unten rechts, 116, 137 oben & unten links, 140 ganz links & ganz rechts, 141 rechts, 142 rechts, 157 rechts, 158 unten rechts, Anthony Hudsons Scheune in Norfolk; Seiten 105, 118 links, 124 rechts, 126 links, 137 unten rechts, Maxime & Athénais d'Angeacs Haus in Paris; Seiten 110, 119 ganz links, 203 unten links, 204 unten, 205 oben links & rechts, 208 unten, Dominique Kieffers Wohnung in Paris; Seiten 111 oben rechts, 186 Mitte, 200 oben rechts, 209 oben, Jamie Drakes Wohnung in New York; Seiten 111 unten, 169 oben rechts, 196 oben rechts, Mark Badgley und James Mischkas Wohnung in New York; Seiten 112 oben und unten rechts, 113 oben, Jocelyn & Simon Warners Haus in London; Seite 119 rechts, Deirdre Dysons Haus in London; Seiten 119 ganz rechts, 138 oben rechts, 201, Tristan Auers Wohnung in Paris; Seiten 120 oben links, 126 rechts, Haus in den Hamptons gestaltet von Solis Betancourt; Seiten 120 unten links, 157 links, 158 oben & unten links, 159 unten, 171 oben links, 178 unten, 179 oben rechts, 208 oben, Haus von Carolyn & Christian van Outersterp / CVO Fireplaces im Nordosten Englands; Seiten 129 oben links, 166 unten rechts, Sophie Douglas von Fusion Design & Architectures umgebaute Scheune in Somerset; Seiten 134 unten rechts, 168 oben rechts, 171 oben rechts, 177, 211 unten links, Laurence Kriegels Wohnung in New York; Seite 140 links, Sara & Joe Ganzleys Wohnung in New York, gestaltet von Asfour Guzy; Seiten 147, 179 unten rechts, 182 oben, 193 oben rechts, 205 unten rechts, Fred & Helen Collins Haus in London; Seiten 149 unten rechts, 163, 166 unten links, 170, 171 unten links, Penthouse Loft in New York gestaltet von Bruce Bierman Design Inc.; Seite 150 oben links, Richard & Lucille Lewins Haus in London, gestaltet von Seth Stein; Seite 165 unten, Suzanne Tick & Terry Mowers' Wohnung in New York; Seiten 174–175, 181 unten links, 196 unten, Martin Hardings Haus, gestaltet von Audrey Matlock.

Innentitel vorn: 1& 7) Mark Rios' Haus in Los Angeles; 2) Anthony Hudsons Scheune in Norfolk; 3) Peter Wheeler & Pascale Reverts London Haus, gestaltet von Eric Gizard; 4 & 6) Mitte Haus in New York gestaltet von Shelton, Mindel & Associates; 5) Wohnung in Belgien gestaltet von François Marcq; 8) Wohnung in Brüssel gestaltet von Vincent Van Duysen.
Innentitel hinten: 1) Maxime & Athénais d'Angeacs Haus in Paris; 2) Anthony Hudsons Scheune in Norfolk; 3) Wohnung in Paris gestaltet von Kold; 4) Wohnung in Paris gestaltet von Frédéric Méchiche; 5) Wohnung in Brüssel gestaltet von Vincent Van Duysen; 6) Mark Rios' Haus in Los Angeles; 7) Jamie Drakes Wohnung in New York; 8) Keith & Cathy Abells Haus in New York, gestaltet von 1100 Architect.

DANK

Die Autorin dankt allen, die an der Entstehung dieses Buchs beteiligt sind: den Architekten, Designern und Handwerkern der vielen behandelten Bereiche, vor allem aber den Haus- und Wohnungsbesitzern, die wir in ihrem Privatleben stören durften.

Dank auch für die unbeugsame Unterstützung meiner Familie, Dank an Paul und an die Jungen Miles und Edwin für ihr Verständnis, und an unsere Freunde, deren Begeisterung und Ermutigung keine Grenzen kannte.

Vielen Dank an Jacqui Small und ihr Verlagsteam für die Professionalität in allen Arbeitsphasen, an Lawrence Morton für seinen Einfallsreichtum und an den lieben Andrew Morton, der es so leicht aussehen ließ.